父母的趣味教养宝典

想做好父母吗？
——教养创意宝典

(塞尔维亚)Verica Sekulić 著

刘 畅译

哈爾濱工業大學出版社
HARBIN INSTITUTE OF TECHNOLOGY PRESS

黑版贸审字08-2015-024号

图书在版编目（CIP）数据

想做好父母吗？ : 教养创意宝典 / (塞尔) 维里卡
(Verica) 著 ; 刘畅译. -- 哈尔滨 : 哈尔滨工业大学出
版社, 2015.6
（父母的趣味教养宝典）
ISBN 978-7-5603-5438-5

Ⅰ. ①想… Ⅱ. ①维… ②刘… Ⅲ. ①游戏－儿童教
育－家庭教育 Ⅳ. ①G78

中国版本图书馆CIP数据核字(2015)第116859号

策划编辑 陈 洁
责任编辑 郭 然
封面设计 刘长友
出版发行 哈尔滨工业大学出版社
社　　址 哈尔滨市南岗区复华四道街10号　　邮编 150006
传　　真 0451-86414749
网　　址 http://hitpress.hit.edu.cn
印　　刷 哈尔滨市工大节能印刷厂
开　　本 880mm×1230mm 1/32 印张4.5 字数80千字
版　　次 2015年6月第1版 2015年6月第1次印刷
书　　号 ISBN 978-7-5603-5438-5
定　　价 18.00元

引　言

这本书为各位父母提供了一些适合家人一起玩的小游戏。

这些游戏是为那些因为关心自己的孩子、经济、工作或者政治前途而忽略自己的成年人准备的。这些成年人没有时间考虑自己，慢慢地也忘记了倾听自己的感受和自己内心的声音。在阅读了这本书后，希望大家可以自己或者和家人一起玩玩这些游戏。

现代男女通常追求短时

本书提出的一些关键问题：

- 父母，作为一个独立的人，是如何和孩子以及家庭同时成长的？
- 作为父母，我们是如何处理那些乏味又不得不做的日常家务的？
- 我们会和不同的人发展不同的关系，那我们如何始终把家庭看作一个整体？

- 如何创造全体家庭成员受益的家庭条件？
- 在家庭生活中总会不可避免地出现负面情绪甚至冲突，这个时候我们要如何处理呢？
- 家是如何成为每个成员收获保护、激励与支持的港湾的？
- 我们是如何认识到自己以及孩子的日常需求的？
- 我们是如何学会和孩子交谈的？我们是不是真的能了解彼此的需求，而不是相互威胁和反对？
- 我们是如何认识到自己独特的性格的？我们又是如何认识到孩子的独特天性的？

高效，而我们介绍的这些游戏不同于他们的日常活动。我们列举的游戏一般有这样的特点：可能游戏开始和结束时的规则并不相同，也许有时候我们有一点空白的时间可以什么都不做，只为放松自己，甚至做个白日梦，或者能有一点这样的时间允许我们听听自己心底的答案。这就意味着，当我们决定做游戏或是参加活动时，不要急于完成所有活动，而是要确认完成一项，再进行下一项。

本书中提出的游戏并不是完全地把细节都呈现给大家，而是简单呈现并根据每个人不同的经历和每个人的理解让这些游戏通过不同的方式去完善。这些游戏大部分是由问题组成的，但是最后本书并没有给予所有问题的答案，因为答案就应该来源于我们自己内心最真诚的需求。只有这些想法和需求才能帮助我们提升家庭关系，帮助我们改变一些看法，能够激励我们朝一个更加美好的方向努力。

在本书中，与“家庭”相关的概念是*“家”“家庭时光”“家庭价值”“家人的感受”“家人的想象力”以及“家人的独一无二”*。因此，本书中提及的游戏也是围绕这些概念进行分类整合的。

这些游戏的来源不尽相同。一些游戏是通过大量的创意工作室、人本主义心理学研讨班以及全面教育研讨班的研究发展得来的，一些是完全原创的，另外一些就是通过书后提及的参考文献中的文学作品激发而创造和发展的。同时需要重点指出的是，这些游戏都涉及人类的本能，也就是说人类是敏感的，是具有创造性的，通过人类的这种本能，我们认识到，人类的真正价值以及内在力量是不可能完全摒弃直觉或者本能而实现的。

妈妈

我

爸爸

请您把书上的每一页，每一个字都当作是一个朋友。请您在每一个能吸引您注意的地方多做停留。在书上多写写画画，加上一些自己的看法，着重标注一下您认为重要的地方。更重要的是，灵活地去运用。我们甚至希望您能在整本书上标满笔记后还能再继续翻阅，因为只有当书上的内容和您的思想、希望以及您对家庭生活的看法、感悟完全融合到一起的时候，这本书才能真正地属于自己！

让其他的家庭成员加入您吧！这将是让家庭成员之间能够互相了解、紧密相连的好机会。家人们借此能够互相认同，能够有共同的希望，能够互相满足。当家人们在一起交流的时候，有一条非常重要的规则是需要大家遵守的，那就是每个人能够畅所欲言，能够毫无顾忌地说出自己的感受或者看法，而不必担心会受到评价抑或批评。在我们互为平等的家庭圈子中，能够更好地倾听彼此，了解彼此，开开心心地共度时光是一件非常重要的事情！

如果某一刻你有一种冲动，不知道如何去控制，那么就看看本书最后题为“支持帮助”的那一章节。看过后你就不会再犹豫是不是要去咨询专业的心理咨询师，因为你自己就已经很清楚个中缘由了。更好地了解自己一定会得来甜蜜的果实，这也会让自己、让每位家人因此愉悦不已。

同时，一定要记住：这本书是不可能帮助我们处理好家庭生活中所有问题的。事实上，这可能仅仅是一个开始。本书旨在激发我们去寻求自身隐藏着的巨大的内心力量。当我们在寻求自身世界的同时，就让我们和最亲爱的家人之间享受互相学习的快乐和创造的乐趣吧！

目录 CONTENTS

检测创造的力量

当听到“创造力”这个词的时候，我们通常会想到艺术家或者是那些有天赋的人。但是，其实我们每个人都有创造力。创造力包含了我们积极的人生态度，这种态度能够把我们周围的事物变成新的没见过的事物。实际上，没有任何一种人类活动是人们无法创造出来的。

当我们在考虑如何制作一个艺术品或者某种物品的时候，我们会意识到创造的力量是清晰可见的。但是，创造出的成品只是创造力过程的一种表现形式，而其实更多、更复杂的过程是发生在我们内心的。每个家庭成员对自己日常生活中的经验、思想、力量或是问题的再评价，这一系列的内心过程是相似的。而在这些心理过程的基础上，人们创造了自己的独一无二的回应方式。

在创造的过程中，感受是很重要的。此过程中伴随着我们的热情和欢愉，这是一股非常强大的推动力量，这一力量也唤醒了我们对于生命价值的感受。这些感受能让我们释放自己，也为我们开启了新的希望。

在我们的日常家庭生活中，有无数的机会让我们去创造。与其让生活只是简简单单地就这么发生了，莫不如按我们自己的意愿去塑造，我们也因此发挥了自己和孩子的创造力。我们能够发挥自己的想象，提高自己的创造性思维，为我们的未来生活带来一种新的可能。

创造性地去生活意味着要独立，意味着活出自己的特色，让生活都印有我们自己的专有图章。如果我们想要让孩子拥有创造的自由，我们自己就必须先拥有这份自由。我们具有创造性，然后孩子才有可能以我们为榜样，才有可能去实践他们自己的创造力。

列举一些你认为的不可避免的日常家务。当你面对这些家务时，你的想法是什么？

1. ______________
2. ______________
3. ______________
4. ______________
5. ______________
6. ……

你认为在我们日常所做的一些事情中，有没有可以用一些创造性的做法去做的？

现在请考虑一下：我们所做的这些事情，我们对其态度是什么？

现在，请把你做的一些日常家庭活动或是家务列举下来：

1. ______________________
2. ______________________
3. ______________________
4. ______________________
5. ______________________
6. ______________________
7. ______________________

现在，在上述所填写的各项活动中选出一项你认为不愿意去做，或是做的时候需要一些“动力”才想做的活动。

想一想做这件事时你通常是如何开始的。接下来是怎么做的？这件事情又是如何继续发展、继续运行的？你是如何结束这件事情的？你能不能轻松点完成它呢？完成这件事有没有激励到你呢？

当你做最喜欢的活动时，你的感受是什么呢？

____

____

回答关于你最喜欢的活动的问题。

把你最喜欢的活动写在中间，然后把其相关答案写在它的周围。

当我们和家人一起回过头来看这些问题的答案的时候，认真地想一想你最喜欢的活动。当你做自己喜欢的事情时，那个画面其实就是你创造的过程。当你计划在做其他事情的时候，发挥一下自己的创造力，这样，你的工作就永远不会让你觉得疲惫，而是完成得又完美又充实。

日常性工作和创造性工作

科学技术的发展在很大程度上影响了我们的日常生活。在科技发展的前提下，我们做事需要像机器人一样具有高效性，能够在最短的时间里做好尽可能最多的事情。而强加给我们的日常性工作通常很无聊，常常带给我们空虚和疲惫。相反，创造性工作却能让我们掌控自己的生活，让我们能够按照自己的需求去塑造生活。人们需要在生活中占有一席之地，需要在工作中看到存在的意义。

在生活中，哪项活动能够让你具有创造精神？

哪些活动是你惯性地去做，不需要任何思考的？请把你的日常性工作和创造性工作都列举下来，无论是在家里还是家庭之外做的事。

日常性工作	创造性工作
1.________	1.________
2.________	2.________
3.________	3.________
4.________	4.________
5.________	5.________
6.________	6.________

上面表格哪项更长呢？

在这些活动或者工作中，哪些活动是你想要换种方式去做的？

显然，对于一些不那么“重要”的活动，我们应该学会能够“不假思索”地做好，这样会提高效率。

但是如果有些工作我们做完后觉得空虚，如果这个工作变得好像比我们自己还要重要，那我们就该考虑是否应该有所改变了。

再仔细认真地看一下以上的列表。
圈出你认为想要改变方式的家务或活动。考虑一下应该做些什么改变，在下面写出你的结论。

____

____

____

____

就像我们时不时地打开衣柜进行清理时，总会扔掉一些不再需要的衣物，同时在衣柜里放进一些当下必要的衣物；同样的，我们也该这样对待我们正在做的家务。这个态度决定了我们控制日常生活的能力。

你认为自己是一个具有创造能力的人吗？

请回答下列问题，评价一下自己的创造能力。

- 你认为解决问题是一个令你满意的活动吗？
- 对于一些问题，你会不会积极地去寻找多个答案？
- 对你来说，在工作中能够有表达的自由是不是很重要？
- 你会跟随自己的感受或者直觉去做决定吗？
- 你会像一个权威人士一样去批判性地评价一个人吗？
- 你是不是认为自己有时候没有完全地表达自我？
- 当面对一些新的装置或器械的时候，你会不会觉得好奇？会不会想要快速地了解它们、使用它们？
- 对于一些仍然在发展中的不明确的环境或关系，你能毫不焦虑地忍耐吗？
- 你是不是还有一些想法没能去实施？或者还没有意识到？
- 作为一个成年人，你认为自己有没有继续学习、继续研究的需要？

- 你能否想象自己完全站在别人的角度去思考问题，即使这个人的角度和自己的想法南辕北辙？
- 你认为用实践去检测自己的观点重要吗？
- 每个人的个性中都包含了梦想、要求、希望、计划、想要做什么或者什么都不想做。你能尊重自己这部分的个性吗？

如果在上述问题中，你有很多肯定的答案，你可能就是幸福的，因为你意识到了自己的创造能力。

如果你有很多否定的答案，那么就请考虑自己对生活是否满意。如果不满意，记住你随时可以做出改变。

家

“家”这个字眼能引发我们无数的遐想。我们的家就是我们的“小宇宙”，是我们生活的天地。在家里，我们和最亲爱、最亲密的人紧密相连；在家里，我们能控制住适合我们个性的、适合我们需求的喜欢做的所有事情。

请完成下面的句子：

“家”是________________

在我的家里，________________

我的家人________________

当你听到“家”这个字眼的时候，你的脑海中会浮现出什么？请逐一列举下来：

____

____

请描绘出你认为理想的家。

你可以画出来，也可以用简单的语言描述出来：你认为理想的家是什么样子的？家里有什么？你认为都有哪些人生活在这个家里？

家里的空间

一提起“家里的空间”，我们首先映入脑海的是“有多少房间”“房间面积是多少”等。然而，除去这些可测量的具体空间外，在我们的家里还有很多隐形的无法测量的空间，这也是我们生活环境的一部分。我们很少能够意识到我们可以用自己的方法改变这些空间。

很多的城市居民没

有那么多的房间居住。在楼层中如果增加一个或更多的房间是不可能的，但是如果用新的方法利用可利用的空间让房间“变大”却是可能的。我们每个人的家中，总是会有一些还没有充分利用的空间，这时候就需要我们的创造性，需要我们用新的方式去布局。

首先请仔细观察你的家。这些空间或周围的空间都是属于什么种类的？这些空间之间都是严格分开的还是相互交叉的呢？这些空间在人际关系和交流发展上能否施以积极的影响呢？

把家里以及周围的空间都列举出来。大

- 你现有的这些空间都是有用的吗？
- 你需要独自相处或者独自思考的空间吗？
- 你有用来做实验或是进行创造活动的房间吗？
- 你有用来和朋友聊天玩耍的房间吗？
- 你有足够的空间用来布局吗？
- 你用哪些空间去谈话、工作、玩耍、放松、学习、储藏、思考或者会见他人？这些空间做这些事情都适合吗？
- 对于上述所有活动，你所用的空间都是一个吗？
- 在哪个空间让你感觉最好？为什么？

房间和小房间；阳台、走廊、车库、窗户、门、天花板和地板、楼梯、地窖、阁楼、周围的庭院、街道、步行街、树木周围的空地、公寓附近的空地……

- **家人们通常都呆在哪些地方？**有哪些空间是没有充分利用起来的？
- **家里的哪些空间是属于孩子们的？**孩子们经常在哪些地方打发时间？孩子们通常在家附近哪些地方玩耍？
- **家附近有什么娱乐场所吗？**家附近有商店、饭馆、运动场、公园吗？家附近有学校、教堂、剧院、海滨大道、河流、聚餐场地呢？

我们需要大家能聚在一起的房间，同时也需要能够独处的空间。每个人都需要足够的空间能够表达自己，能够邀请他人，能够在自己愿意的时候独自一人，或是给自己空间去思考，等等。有些人具有社会性，需要有更多的空间和朋友们相聚在一起；而有些人沉默寡言，需要一个安静平和的空间让自己安静地思考。

你有足够的空间吗？

你认为对于自己的哪个需求来说，空间是不够的？把你需要的空间写下来，并且说说你想如何去应用。

我需要一个这样的空间：________________________

____

____

____

____

____

____

家里的物品

我们用来装饰环境的这些物品，能够充分表达我们的想法、情绪、习惯以及不同的需求等。这些物品有很多潜在的意义。它们由不同的材质制成：木制品、石制品、纸质品、金属制品等。有一些是我们亲自设计、亲自制作的，更能代表我们的想法，因此我们也很喜欢它们，也乐于和别人交流这些物品。

考虑一下你在家里常用的物品：

- 家具
- 书
- 衣物
- 家用电器
- 乐器
- 艺术品
- 食品
- 备用药品
- 卫生品

- 化妆品
- 你通常多长时间使用一次这些物品？
- 你会定期清理什么物品？
- 在你身边有没有什么艺术性的物品？
- 物品的美观性对你而言重要吗？
- 你的家里有你自己制作的物品吗？比如，桌椅、碗碟、灯具、架子、图片或者雕塑。

____

____

____

____

常见的物品

这是一个娱乐性的游戏，这个游戏需要全家人一起。这个游戏能够激发我们的创造力。

游戏者的主要任务是用一个全新的眼光去看身边常见的物品。

想象一下，你们一家人第一次从一个外星球来到地球，你们对地球上这些物品一无所知。每个人

都选一件常见物品，尽力地去给家人描述这一物品，要像你是第一次看见这个物品一样。要尽情地去描述、去想象这个物品可能的用途是什么，当然，用途也可以是多种多样的。其他人要根据描述去猜测这个物品是什么。这个游戏过后，你可能会给予这个物品一个全新的名字。

公共物品和私人物品

和家人一起给家里的所有物品列一个清单：列举出可以大家共用的物品以及每个人的私人物品。

家人共用的物品	家人的私人物品

对于公共物品你是怎么对待的？对于私人物品你又是怎么对待的？

在公共物品和私人物品的使用上，家人之间会不会有所争执？对于这些争执通常你是如何解决的？如果你想使用其他人的私人用品，你会征得他的同意吗？还是你认为这是没有必要的？

对于某些物品或是家里器具的使用上，你们家人会互相商量吗？

家人在对于这些物品的使用方式上有没有让你感觉不满意的？尤其是家人对你的私人物品的使用，你会不满吗？

对于这类事情，你通常是如何处理的？你会不会和家人谈一谈，让别人在使用物品时能够互相尊重呢？

家庭物品的分享能够教会孩子独立，并让他们感觉自己是有用的。

私人“宝箱”

和你的孩子一起为家里每个人的私人物品制作私人“宝箱”。

有了这些私人“宝箱”，每个人就可以把重要的私人物品放进去，其他人就不能随便接触了。通过这个方法，我们能教会孩子：尊重别人的私人空间，尊重他人的隐私。无论是大人还是孩子，我们都有自己的私人物品：玩具、最喜欢的小东西、书以及小秘密。而对此，家人之间也要学会彼此尊重。

最重要的物品

在家里，什么物品对你而言最重要？

告诉别人什么物品对你而言最重要，写出你为什么选择这个物品，到底它重要在什么地方？

对你而言最重要的这个物品能赋予你什么样的情绪？

你赋予了这个物品什么样的意义？

这个物品对你而言有什么样的回忆？

- **想象一下，在家里你能有一个房间，专门用来存放这些对你而言有特殊意义的物品。**

  这个房间会是怎样的呢？

能让家人紧密相连的物品

选用一些物品，和家人进行一些集体活动。这样会让家人之间的关系更加亲密。以下是一些建议：

- **每个人收集自己最喜欢的物品，然后和家人互相展示。**
- **每月一次（或者至少每三个月一次），在家里做一个小型的物品展示。展示一下在这段时间里，家庭生活中很重要的或者能够提醒你想起一些特殊回忆的物品。**
- **如果想要购买一件家庭用品，请和家里所有人商量一下，这样每个人都会喜欢。**

  家人之间可以商量：这个东西放在家里什么地方呢？这个东西是家里每个人都用得上的吗？谁来负责管理这个东西的使用呢？

食　物

- **谁来负责购买家里的食物？谁来负责烹饪？**

孩子在购买食物和准备餐点时可以参与其中吗？

- **家人会聚在一起吃饭吗？**
- **你的家人喜欢为家族以及朋友组织聚餐吗？**

你会邀请孩子的朋友来家里聚餐吗？

把家人最喜欢的菜品列一张清单。选一个特殊的日子，让家里每个人准备自己最喜欢的菜品。

大家一起准备食物会是家人聚在一起的一个绝佳时刻。如果你为家人、朋友相聚准备食物，那么也应该让孩子参与其中，可以让孩子帮忙写菜谱，或者帮忙做些简单的工作。

玩　具

在每个有孩子的家庭里，一定会有玩具，这些玩具也有着特殊的意义。这些玩具对孩子而言不仅仅是娱乐用品，它们还在孩子的生长发育过程中起到了重要的作用。因为这些玩具，孩子丰富了自己的经历，培养了很多种技能，增强了自己的想象力和学习能力。家里多种多样的玩具是十分重要的，孩子可以根据自己的发展需求去选择玩具。

你家里有多少玩具？

家里有很多玩具还是几乎没有？你都把这些玩具放在哪里？

你的孩子更喜欢什么类别的玩具？

小玩具还是大型玩具？软的、硬的还是木制的或者塑料的玩具？他们是喜欢声响很大的玩具，还是喜欢机械玩具？他们喜欢自己亲手制作玩

具吗？孩子喜欢图画书或者其他书吗？

在玩具方面，你的喜好和孩子的喜好一致吗？

对于那些你不喜欢可是孩子却十分想要的玩具，你通常是如何处理的呢？

如果家里有很多玩具时，你会做些什么？

对于那些孩子已经失去兴趣的玩具你是怎么做的？扔掉玩具、送给别人还是放置起来等孩子再和你要呢？

你认为电视或是电脑对孩子而言是一个好玩具吗？

你认为这两项设备会对孩子产生什么影响呢？

家里有没有你自己很喜欢玩的玩具呢？

你会和孩子一起制作玩具吗？如果你们做玩具，你会用到哪些材料呢？你会用到箱子、各种各样的纸、塑料或是木头吗？

你会在什么时候和孩子一起玩呢？

你愿意参与到孩子的游戏中吗？你愿意参与什么游戏呢？

请列举一些你认为特别好的玩具。

请给每个年龄段的孩子：婴儿、学前幼儿、低年级以及高年级儿童，列举一项合适的玩具。请描述这些玩具，说说孩子要怎么玩。为什么你选择了这些玩具？为什么你认为在孩子的特定年龄中，这些玩具能有所益处？

对于学前儿童来说：

对于低年级儿童来说：

对于高年级儿童来说：

在你考虑哪些玩具适合孩子的时候，请考虑以下因素：

在孩子的成长过程中，对孩子来说，和爸爸、妈妈一起制作玩具的时光会是一段难忘的童年回忆。我们自己制作的玩具会有其全新的价值，因为我们做出来的才是最适合我们自己的，而同时也开发了自己潜在的创造能力。我们可以用木头以及不要了的衣物做一个小娃娃，其他的玩具我们也可以用不同的包装纸、盒子、橡皮泥等材料自己动手去做。自己动手做的玩具，哪怕不那么完美，也总是比买来的精致玩具更有意义，孩子也一定会对参与这个过程产生兴趣。

如何自己动手制作橡皮泥：四杯小麦粉、一杯盐、一杯半的水，再加入适量食用染料。

把这些原材料融合搅拌，做成面团，放入密封容器中，静置一个星期。做这样的橡皮泥，优势之处在于我们可以无限量地制作不同颜色的橡皮泥，能够满足不同的孩子人数的要求。我们可以烘干孩子制作的物品，或者可以放在烤炉中烤干。我们可以把这些物品涂上颜料，做各种装饰等。这些制作活动不仅能够体现我们的创造力，而且孩子能够借此放松自己，发展孩子潜在的动手能力。

家庭时光

时间是一个永恒的，无法更改的范畴。然而，对于时间的感知却是个人的，因为每个人的时间都由自己的经历加以润色。我们在医疗室等候治疗时对时间的感受，和我们与朋友一起享受美好时光对时间的感受是完全不同的。

在我们的认知中，我们常常将时间这一漫长的历程分成过去、现在和将来。我们所说的“过去”实际上就是经验的集合，包括个人的经验以及普通经验。而将来也是基于我们这些经验基础上的，通过这些经验我们也可以去预测将来可能发生的事情。我们活在当下，我们不断地投身到复杂的现实过程中，这些现实过程的认知是基于我们对外部世界产生的印象，然后由自己的意识重新塑造。

重要的是能够理解到我们对于时间的感知是和我们

的内心世界紧密相连的。比如，我们每个人都会有过一些特别的经历，这些特别的经历让我们忽视了时间的流逝，或者这种经历让我们感觉过去、现在和将来之间的界限都不见了。

这样的经历通常和深刻的爱的感受有关系。这些爱的感受有一种强大的力量，能让我们在很长时间以后还能有着深刻的感受和影响。

我们经常错失这种感受爱的机会，因为我们每天几乎是毫无思想地度过日常生活。如果我们注意到如今我们总是行色匆匆，不再有能力去真正地感受身边的美好，那么这个时候我们就应该停下来！如果能够把注意力放在当下，放在身边，我们真的能学到很多。能够理解这件事情是很重要的，因为去感受当下是我们通过行为去影响自己的生活的唯一途径。

培养自己去感受现在，去感受“此时此刻”正在发生的事情是十分珍贵的，也是绝对可行的。

日常生活

在日常生活里，我们接触的大部分是最亲、最爱的人。日常生活的平平凡凡能够欺骗到我们，让我们低估了它。其实孩子正是在日常生活中学习如何给自己定位，学习如何建立生活节奏，学习如何解决问题；正是在日常生活中，孩子学习如何和他人相处，决定什么对他而言是重要的。

日常生活同时也是创造的无尽的源泉。在日常生活中，孩子发展着自己的能力。每个时刻对孩子而言都是一个发挥创造性的机会，孩子眼中的每一处地方、每一个人、每一种物品、每一种环境，

对孩子而言都是一种刺激。我们的思想、感受、兴趣和问题都会开辟出一条路径，这条路径也会随着我们的创造精神不断延伸。

周密严谨的日常生活需要我们能够认识到日常生活中的需求——我们在日常生活中不仅仅需要食物、健康和好的睡眠，我们还需要交流、需要合作、需要建立自己良好的形象、需要有鼓舞人心的工作、需要发现生活的意义。为了满足这些需要，为了避免把自己变成冷血的，没有需要、没有情绪的机器人，我们必须允许自己在日常生活中多加创造。

日常生活是根据我们自己的节奏以及大自然的节奏进行的。在日常生活中，我们要处理家庭事务，要和别

人聚会，要为自己和亲密的人建立好支持体系，要为我们认为对家人的健康以及对家人有价值的生活，做好我们能做的一切事情。

描述一下右侧单子里的日常生活。

标记出你认为在现在的生活中，存在的程度过多的项目（经常需要面对或是参与的项目）。在你认为目前生活中不足的项目前面的框里画“×”。

- □ 声音
- □ 运动
- □ 话语
- □ 娱乐媒体（电视、收音机、报纸）
- □ 日程表
- □ 最后期限
- □ 会议
- □ 改变
- □ 人
- □ 朋友
- □ 争执
- □ 文化活动
- □ 职责、义务
- □ 日常工作
- □ 协议
- □ 做决定
- □ 闲散时间
- □ 家庭时刻
- □ 私人时刻
- □ 体育活动

按照上面表格里第一栏的项目，做一个圆形分格统计图，用来展示你的日常生活。

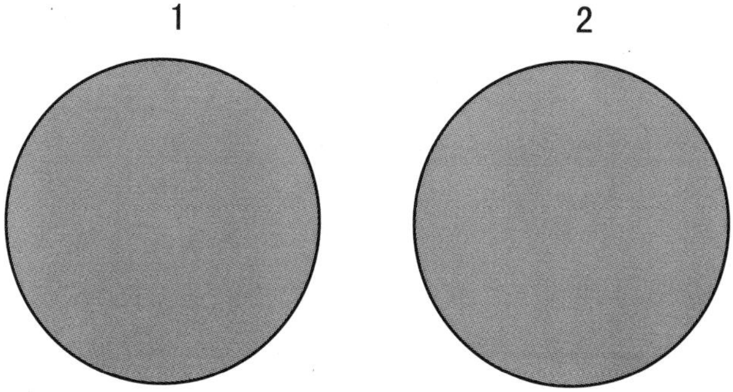

现在请想象一下自己的理想的一天是怎么样的？做出一个表格：在第二个圆圈内描写出你和家人们的需要。

你理想中的日常生活和现实有什么区别？在图表中把理想中的日常生活和现实进行对比，加重表明两者中有明显区别的部分。标记后理想生活一栏内是什么样的？加重的明显程度反映出你并没有得到满足的需求的比例。那么你和家人的需要有哪些被我们忽视了呢？

感受时光流逝

生活中不同的经历会如何影响我们对时间的感受？

什么时候我们会觉得时间过得快一点？什么时候会觉得时间流逝得慢一些？

回想一下我们的生活中那些最富有动、最充实的事情或者经历。

如果在这样的时刻里我们把时间用直线标志出来，那么我们生活单调时、或是有波折时、或是生活里阡陌交错时，抑或是在充满震荡的生活里，时间要怎样体现呢？

在生活中，有哪些时间是完全不同的？

什么时候时间走得好像更慢一些？

有没有出现过好像一段时间突然被打断、被终止的时候？

当时发生了什么？你是如何处理这种时候的呢？

你希望时间能怎样度过呢？是慢一些、快一些还是可以均衡一点？设想一下，在理想的日子里，所有的事情都能按照适合自己的节奏进行。

在这样理想的一天里，你有时间去做你想做的任何事情吗？在这样理想的一天里，你最主要的活动是什么呢？

父母的时间

作为父母，你通常有多少时间是能够供自己支配的呢？在可供自己支配的时间里，你会做些什么？你的上午、下午以及晚上都是什么样的呢？

你对哪些人有责任和义务？如果你留出一些时间给自己，你会有负罪感吗？

你在组织孩子的业余活动上会花费多少时间？你在

做家务上会花费多少时间？在做饭上呢？立规矩以及解决问题上呢？

你能在各种各样的家庭活动的间隙中，抽出简短的时间进行有意义的休息吗？

____

____

____

孩子的时间

孩子在上学的时候每天的日程表是什么样的？在上学的这段时间里，有多少时间是能够提前计划的？

孩子的时间里有多少时间是不能提前组织的？孩子会在这样的时间里做些什么？孩子是一个人独自度过还是和其他人一起度过这些时间？

孩子完全一个人的时间有多少？和其他小朋友一起相处的时间有多少？你知道在这样的时间里孩子都

发生了什么事情吗？孩子和其他人在一起的时间总共有多少？

当你和孩子一起度过的时间里，都发生了什么事情？当你们在一起的时候都做些什么？你会和孩子一起做日常活动吗？会一起聊天、玩游戏、学习吗？你知道有些事情是只有父母能够提供给孩子的吗？

你会偶尔发现一些一起共度时光的新方法吗？

____

____

____

家庭时光

你和家人一起度过的时光有多少呢？你们分开的时间又有多少呢？

对于那些

没有提前计划好的时间，你们通常会如何度过呢？
当你和家人一起共度时光时，你最喜欢的活动有哪些？

你准备好通过合适的方式去度过自己的空闲时光了吗？在闲暇时间里，你会做些体育运动还是去博物馆游览呢？你会去散步还是去串门呢？

____

____

____

____

时刻陪伴

无论孩子身在何方，我们都应该尽量在孩子身边陪伴。永远都不要躲避相聚的机会。孩子的成长很快，我

们却总是想把相聚的时刻推迟到另一天。在当下，就请找好足够的时间和孩子在一起，享受孩子的成长过程。

回想你对孩子说过的话中，有没有哪些伤害到你和孩子的关系的话语，哪怕当时并不是故意的。考虑下面我们常说的话都是合乎情理的吗？

——等一下……

——稍等！

——别烦我！

——等我完成这个事情的。

——我看电视呢，别打扰我！

——你还想烦我多久？

——我真是累死了！

——等！

——你什么时候才能长大啊？

——我告诉你八百遍了，别烦我！

把和左面相类似的句子写在下面横线上。

____

____

____

____

如果你不能想起这些，去问问孩子，让他告诉你在你焦虑不安时，生气、疲惫或者忙碌时，你是什么样的，在这些时候你会和孩子说哪些话。

更好的日常生活

- **你的日常生活影响到对你来说重要的事情了吗？**你的日常生活有没有满足你的希望？在日常生活中，你的行为有没有满足自己的需要？

- **现下你所做的事情，能不能开创出符合自己价值、希望以及需求的现在和未来？**你要如何实现这样的生活？
- **你的孩子意识到创造更好的日常生活对你来说很重要这件事了吗？**对于孩子来说，他有没有可能参与

到创造更好的日常生活这一活动中来？

____

____

当日有价值的事情

考虑一下在这一天里，什么事情能够激发你的动力。每晚睡觉前问问自己这些问题：

今天什么事情让我惊喜了？

今天有什么事情刺激我了？

今天我受到了什么启发？

今天有什么事情能让我记住这个特殊的日子？

在脑海中回想一天里，有哪些时刻让一天变得特别，变得有特殊的意义。仔细地回味一下。

回望过去

试着回头看看过去的自己，回想一下当自己还是一个孩子的时候，自己对日常生活有什么样的感受。

你需要为这个回望过去的“旅程”做一些准备。留给自己一些时间，找一个舒适的座位，放松自己，慢慢地开始“回到过去”。让过去的影像在脑海中一一闪现。不要快速地去回忆，而是尝试着慢一些、再慢一些地去回忆更多的细节。现在，我们回到了五年前。想想五年前的我们是什么样的，在那时，我们和谁一起共度时光。让这些过去的影像能够栩栩如生地展现在我们眼前。现在，让我们一起回到十年前。十年前对你来说很重要的人是谁？重要的地方在哪？发生过的重要的经历有哪些？现在让我们回到十五年前、二十年前……一点点地回到过去的岁月中，直到回到我们入学以前的时候。让过去的影像能一个接着一个地重现。记

住当时的声音、味道以及当时生活的环境。记住你的童年，记住我们一起共度时光的小伙伴，记住照顾我们的家人，记住当时对我们而言很重要的事情。

回想过去的岁月，我们是如何度过的？

你是觉得过去的时光走得比现在快一些还是慢一些呢？当时的时光是由什么构成的呢？当时的你觉得时光飞逝了吗？

对于当时的你来说，有很多的时间意味着什么呢？

过去的你在自己的“私下时间”里会做些什么？你在自己一个人独处时会觉得孤单寂寞还是觉得很有意思？过去的你最喜欢和谁一起共度时光呢？

过去的你有时间做“白日梦”吗？

在过去，你觉得什么时候是最自由的呢？

在过去，当你央求大人们陪你一起打发时间的时候，大人们会对你说些什么？谁愿意和你一起打发时间呢？

跟着自己的感觉去打发时光，再重新生活一次。

当你觉得自己需要重返过去的时候，慢慢地开始——从自己很小的时候开始，穿越过学生时代、跨越过青年时代、成熟时期直到现在。写下你的印象，然后和家人一起分享。如果你能够和孩子分享这种感受，这些对孩子来说会价值连城。

把你回想过去这一“旅程”中的所有感受写在下面：

____

____

____

____

更多的关于过去的内容

我们的童年时期可能是穷尽我们一生中最有创造力和制作力的时期。我们在童年时候，愿意花费时间去观察我们生活的世界，去发掘我们的能力，去犯错误并改正错误，去观察我们自己。在那时，万事万物对我们来说都是新的，都是有待于我们去探索的。当我们一天天长大，变得更加成熟，我们自己建立起来了对这个世界的认识的图纸。这些对世界的认识，会影响我们的一生。

你曾经有没有过：

- 坐在外面的楼梯上，或是坐在窗户前，什么也不做，只是一味地消耗时间？
- 自己编一些恐怖故事去吓唬弟弟、妹妹们？
- 玩泥巴，把泥巴做成馅饼或是房子？
- 一整天坐在书上或是坐在隐蔽的角落里？
- 在人行道上用粉笔画图？
- 熄灯后，钻进毛毯里用手电筒看书？
- 成立一个秘密组织，并且成员们发誓不能告诉别人？
- 创造一个属于自己的秘密语言？
- 整天地翻跟斗（或是别的杂技）？
- 给陶器绘制颜色，给妈妈或者奶奶做礼物？

请记住——你永远都能见到仍然居住在你心里的那个过去的小小的自己。

将　来

当你一想到将来时，你内心的第一感受是：

□不安　　□兴奋

□关心　　□沮丧

□愉悦　　□疲惫

□希望　　□热情

如果你能想到其他的第一感受，请写下来添加在表单里：

__________　__________

__________　__________

__________　__________

请完成下面与你的情绪有关的句子。

明天是________________

我的将来________________

我想要（做）________________

对于上面你写下的句子中，你所表达的总体印象是什么？

如果你对写下的句子不满意，试着想一想原因是什么，想一想你该做些什么去纠正问题。在纸上写下你想要做的改变——可以再写一次你不满意的这个句子，这样你就容易得到自己想要的答案。

我们的将来值得考虑吗？

在你考虑将来的生活时，你会想到谁陪在你身边？

你对谁有责任？

你将来会依靠哪些人？

在经历过那么多的改变之后，你会害怕去思考将来吗？

尽管曾经有过那么多的改变，你也认为你的将来是值得考虑的，是吗？

对于那些会影响我们将来的事情，我们不能控制，但我们至少可以通过积极的想象去影响将来。因为我们的将来不是提前就预定好的，而是通过我们自己去实现的。

“号外！号外！”

邀请家人一起玩“好消息”游戏。

每个人闭上眼睛，考虑自己的未来（可考虑十五年后的未来）。想象着，一期报纸的特别期刊就此发行，只听卖报人大喊“号外！号外！”在报纸的第一版上就是一个巨大的标题，上面印着我们家人的名字！一件惊人的“好消息”出现了！让每个人去想想自己的新闻标题，每个人去阅读标题，阅读内容，然后在报刊内页阅读更多关于自己的消息。然后家人们互相分享“读”到的内容。甚至我们可以画一个这样的“特别期刊”。

“预言家”

我们还准备了另一个全家共享的游戏。

选一个“预言家”，然后让他（她）穿上正式的服装，给他（她）一个类似于“水晶球”一样的东

西。第一次选择的“预言家”最好是一个大人，之后几次可以选择孩子做“预言家”。其他人在纸上写下四个问题，一个是关于现在的，另外三个是关于未来的（可以是五年后、十年后甚至十五年后）。“预言家”的任务就是挨个阅读字条，然后说出写下问题的人想要听到的答案。我们甚至可以设计一个完整的仪式，让这个游戏看上去更逼真、更有趣。

独处的时间

很多成年人深陷于工作和赚钱的恶性循环之中，因为他们想要给家人更好的生活。由于那么多的责任和义务，他们忘记了留些时间给自己爱的人，甚至他们因此忘记了给自己留些独处的时间是一件多么美好的事情。每个人都需要在日常的家务和工作责任中偶尔地休息一下。

一天里，你觉得在什么时间里需要留些时间给自己，让自己能安静地独处一会儿？在独处时你喜欢做些什么？具体地说明一下，为什么你有时候需要独处一会儿？

____

____

独处和安静各自有着神奇的力量。独处和安静能够让你觉得放松，能允许你天马行空地去想象、去感受，这样你才能回想一下每天发生的事情，在某种程度上，我们似乎又经历了一遍。

时不时地一个人在大自然中散散步。轻松的散步能够让你感受自己的身体，感受脚下的土地，感受呼吸的空隙，而这些感受能够让自己心情愉悦，能够净化自己，也可以使我们的头脑清醒。

如果能有这样一个地方，在这里我们能随时思考，随时感受自己，那么就再好不过了。在这里，我们能邂逅不同个性的自己，不需要惧怕别人如何反应。我们同样需要一个地方，在那里，我们能审视自己，不会有犯错误的危险，更不会有承受犯错误带来的不同后果的危险。

有些时候，当你需要考虑一个问题的时候，自己独处是一个很好的方法。这样你能蜷缩在自己的空间里，就像一个乌龟在危险时蜷缩回自己的壳里一样，很有安全感。

我们内心需要有一处守候最爱的和最亲近的人的地方。当我们不能陪在他们身边时，我们可以在心里陪伴他们，在内心深处一直爱着他们。

家庭价值

我们的价值系统包括我们的希望、信仰、观点以及感受，我们的价值观影响着我们解决困难的方法。而很多的价值观是在我们生活的环境里养成的。但是在通常情况下，我们好像没有意识到这个重要的因素。在成长过程中，我们逐步建立起价值观念，接受了这些观念并按照这些规则生活着，这些价值观念就是我们自己的一部分。

孩子崇拜着自己的家人，对自己的家庭信任、坦诚，不会质疑大人教给他们的价值观。年轻人寻找着自己的生活轨迹，他们需要和家人分开，这样他们才能发展自己的生活观念，发现自己的力量。一旦他们为人父母，又会面临一项新的责任，那就是对自己的子女的责任。在这时，他们才能开始意识到自己和长辈之间千丝万缕的联系，然后他们才以一个成人的身份重回过去的家庭。

如果我们认真地观察这个循环，我们会发现家庭的每个成员都是独一无二、不可替代的。我们会发现成员间的内在联系是这个家庭得以成为一个整体的重要因素。如果因为冷漠切断这一切联系，就会给整个家庭和家人带来不好的影响。而如果想要努力去维系家里的每个人、每代人，那么必不可少的武器就是爱，是爱让我们的家族更加牢固。

一家人的价值系统是由家庭成员们共同建立的。我们的长辈通过这样的价值系统和我们同在。我们需要他们在生活中的经历作为支持，需要他们生活中的故事作为我们行走的方向。我们不仅要依赖世世代代的人发展起来的价值观念，同时还需要继续传承，用我们的经历充实发展起来的价值系统，为我们的子孙继续指路。

我们的价值系统是在不断被检测着的，尤其是遇到个人危机或者主要的社会变迁时。有时，我们会发现我们认定的观念已经不符合时代发展了，或是有些观念是有局限性的，会阻碍我们向前。这时，我们就需要寻找新的可以依赖的价值观。

一个人要想同时做到尊重过去、积极地面对现在并且能够对自己的将来负责并不是一件容易的事。因此，我们有必要时刻保持对自己的价值观念的清醒的认识，并且培养好两样重要的价值观念：勇气和智慧。智慧能让我们明辨正确的价值观和错误的价值观，勇气能让我们大胆地踏入未知的领域，让我们在必要时能做出改变。

一个重要的决定

- **我们是如何认识我们赖以生存的价值观念的？**尝试着去回想一个你曾经做过的重要的决定。这个决定是什么？为什么你当时这样决定？当你做这个决定时，你的价值观念是什么？把答案写下来。
- **你现在仍然对当初做的这个决定感到满意吗？**如果你现在不满意这个决定，把你认为这个决定缺少什么写下来，重新做一次新的不同的决定。如果你有了不同的决定，那么考虑一下为什么你认为这个新的决定更好一些？它好在哪里？

____

____

五个关键的决定

在下面写下生活中五个关键的、有转折性意义的决定：

1. ______________________________________

2. ______________________________________

3. ______________________________________

4. ______________________________________

5. ______________________________________

我们的决定或好或坏，且好坏取决于它们所带来的后果。

你所做的这些决定给你带来了哪些改变？你现在还是和过去一样吗？

还有没有哪些重要的决定你还没有付诸实践？现在你能做些什么？

寻找力量

回想一下，目前的家庭生活中，有哪些时刻你十分需要支持，需要内心的力量？你都会从哪里得到需要的力量？你当时会做什么？在这样的时刻里，谁会陪在你身边？谁可以让你依赖？

即使最艰难的时刻，仍坚持的家庭价值观有哪些？请列举：

________________ ________________

________________ ________________

________________ ________________

________________ ________________

让孩子做老师

孩子曾经有没有过通过一种行为或者通过一句重要的评价向你传达出生命的智慧？如果这样的事情发生过，请在下面描述这件经历：

为家人做一颗心

为家人做一颗心，在心上写出所有能唤醒、能维持家人的爱的事情。这样一颗心能够让家人的心与心之间紧密相连，能让我们家人的联系更加稳定、牢固。

你还想在这颗心里写些什么呢？可以用不同颜色的笔去填写不同内容。向家人或者对我们家人很重要的人展示这颗心，让他们也去制作一颗心，自己写上内容，大家互相展示。记得在大家互相展示的过程中，认真地去听听别人说的话，要有礼貌，要尊重他人。我们经常会忽视家人，经常会因此忽略这其中能给我们启发，能一直保护我们的价值。

我在家里的位置

如果让你在一个图里写入你的家庭成员，那么在上面的图里，你会把你的家庭成员放在什么位置？

在图里画上每一位家庭成员，可以用田野、天空或者其他什么地方代表你的家庭成员，如何代表由你来决定。首先为自己选一个位置，然后为其他成员选择。

对你的家人来说很重要的或是很亲近的人，不一定非要是那些时刻保持联系的人，他们可以是那些在你还小的时候对你有深远影响的人，也可以是你从没见过但是一直听说过的人。我们的祖先一直是通过他们遗留下来的一切来影响我们的。

写下对你来说尤其重要的人的名字。

是什么事情或特质让这些人和别人区分开来？

现在，请加上那些你的家族圈子里和你关系不是那么近的人。

在你的家族中，有没有因为什么理由让你不那么喜欢的人呢？

把这些人也加进去，因为他们在这个家族圈子里确实有一个位置。在你画的他们的标志旁写明你为什么不喜欢他们。

我们和我们不喜欢的人之间的关系其实也有好的一面：通过这些人，我们可以发现自己身上的缺点或是弱点。我们可以借此学习很多东西，只要我们自己有这个意愿。与其把这些我们不喜欢的人看成是本不需降临到我们身上的不幸，不如我们接受他们，把他们看成是命运提前安置在我们身边的挑战。

但是我们仍然需要体贴自己、体贴他人。对于一段不好的关系，一个人不需要费尽全力地去努力修复。想要修复这段不好的关系，是需要一个很复杂的过程的。在这个过程中，需要的是自己和他人之间的互相理解。

这个过程的第一步当然是要全心地接受这个你不喜欢的人作为你的家人。无论你和这个你不喜欢的人之间关系如何，他（她）在这个家里也是有自己的位置和有自己的角色的。

这个过程的第二步就是检查一下：在这个家庭里，你和你不喜欢的这个人的角色和位置间有没有明显的分界线？如果还没有明显的分界线，那也就是说，你们之间在家庭中的角色是混淆的，我们经常踏入不属于我们的位置中去，经常做一些本不属于我们该做的事情。在家庭关系中，如果家人之间的关系十分亲密，大家能够互相交流最真诚、隐藏最深的情绪，那么这个界线是很容易被移除的。

制定界线最初的出现可能是因为想要把一个人和其

他人拉开一些距离，这会让我们之间的关系变得缓和，也会让我们把彼此放在更多的可能性之中。这也为我们保持中立态度提供了可能性，我们不再需要一直用负面情绪去对待这个人、这段关系。即使我们没能立即改善这段关系，但是至少不再用负面情绪去影响彼此的情绪。这对于改善关系来说也是非常重要的一步。

如果你在家人中的位置让你不开心，那么请用一个不同颜色的笔标记出你自己喜欢的位置。

为什么你想要改变自己的位置呢？想要改变这个位置你应该做出哪些努力？

对于你现在的位置，你是如何接受的？

为什么现在这个位置对你来说很好？描述一下它的优点吧。

我们还可以和家里的孩子或者其他人一起玩这个游戏。在这个游戏中，我们要耐心、礼貌地倾听他人，尤其是如果有一些让人不快的情绪出现，我们更要做到耐心忍让。要小心，这个游戏应该结束在积极的情绪中。最终，你可以按照自己的心意给家人列好位置。

学会尊重

所有人都应该被尊重，无论我们喜不喜欢他们。这不仅仅是我们对待别人的态度问题，更是我们对待自己的人生的态度问题。尊重他人，我们才能够更好地发展自己，才能做到关心自己和身边的人。

“尊重”是可以培养的，这需要训练。首先，我们需要决定一下，我们想要变成什么样的人——我们是想变成有尊严的人，能尊重别人；还是我们要摒弃尊严和尊重，就这样活着？

我们应该尊重那些和我们一直生活在一起的人，无论是长辈还是孩子。这样，我们才能为自己的家族建立并延续这种家庭尊严。如果我们能够尊重孩子，那么他们也会用同样的方式对待我

们。"尊重"能够生成"尊重"，而这样的好处在于，我们的整个家庭包括我们的孩子会逐渐学会自我尊重。

"从你身上，我学到了……"

和孩子一起组织一个小游戏，名字叫作"认识"。

所有人围成圈坐在一起，每个人拿一张纸，在上面写上所有人的名字，在每个名字后面写上"从你身上，我学到了……"。然后把纸传给身边的人，这时接到纸的人要在纸上写上内容：挑选一个名字，在这个名字后面写上你从他（她）身上学到了什么。然后继续传这张纸。直到这个纸传了一圈，回到最开始的人的手里，这个游戏的第一部分就结束了。

然后，每个人大声读出纸上的内容。

这个游戏可以很好地带动家人的讨论——每个人可以问问题，也可以向别人要解释。这是一个对于家庭成员间相互认知的好时机，同时可以互相表达出尊重。当然，这个过程中一定会有惊喜。有些时候我们甚至不知道别人可以从自己身上学到什么。有些对于我们来说很平常的事情，在别人的眼中却是那么重要！

你也可以和朋友一起玩这个游戏。

家庭财富

你认为“家庭财富”都包括什么？

列一张清单，在上面写出所有能提醒你想起家庭价值的经历和事件、所有你想要永远记得的事情、所有丰富了你的人生的事情。这些都是这个家庭智慧的源泉，是这个家庭得以保持完整的基础。这些“财富”教会了你什么是圆满；你从中得到启发，也加强了家人之间的互相联系，建立了相互的信任。正是这些“家庭财富”才给了我们生活的意义……

“家庭财富”还可以包括以下内容：

- 我们的祖先留给我们的一切；
- 在家庭中特别珍视的美德；
- 大人为自己的孩子所做的无私的事情；
- 共同的欢乐；
- 在误会和争吵中，你学到的教训，并使你因此变得更加成熟；
- 家人齐聚一堂，或者是家人共同去了什么地方；
- 你的家庭被人尊重的地位；
- 藏书；
- 在家庭中培植出的那些想法；
- 能够唤醒你生命中的美好的一切；
- 对你们来说重要的一切；
- 对孩子的关怀；
- 所有的宽容、给予和获得……

还有哪些“家庭财富”是可以被传承的呢？请修改上面的清单内容，写在下面：

____

____

____

____

____

____

____

____

____

____

____

____

家庭的“守护神”

在家人中，你可能把谁称呼为家庭的“守护神”？

可以是你每天都见得到的家人，也可以是你心中记得的谈论过的家人。

这个人是什么样子的？

他（她）是年老还是年轻？他（她）强壮吗？温柔吗？还是善解人意呢？

这个人曾经给过你什么样的保护呢？

当你情绪低落时，当你遇到困难时，他（她）是如何帮助你的？这个人知道他（她）对你来说十分重要吗？

你从这个人口中听到过的最重要的话语是什么？

请写在下面：

____

____

你想要对这个心中的“守护神”说些什么呢？

请写在下面：

____

当你在家里遇到困难，需要有人给予建议的时候，你可以想象你在和这个家庭的“守护神”交谈。想象一下，你问这个人该做些什么，认真地考虑这个人给予你什么回答，该如何给你建议。

家　徽

按照中世纪贵族家庭那样的家徽给自己的家庭设计一个。

选取那些能够代表整个家庭的力量和价值的标记。如果你能和家人一起做就更好了，因为这样家徽对家里每个人的意义就同等重要了。

在设计过程中，我们可以分成三部分：第一部分设计代表过去的图案，第二部分代表现在，最后一部分代表未来。

当然，用其他的方法也是可以的。可以在第一部分设计家庭里最好的经历的标志，第二部分设计标志着危难时刻还能共同维持的力量的图案，第三部分设计你想要保护的维持家庭完整的图案。

我们也可以叫上家庭每个成员，让他们画上他们认为重要的事情的标志，然后把每个人的标志画在同一个图案中，形成我们的家徽。这样设计出来的家徽能够表达出一个家庭的特色，可以被别人轻而易举地分辨出来。

- **要把家徽放在家里的特殊的位置。和家人一起选择出这个地方。**
- **请在右面框中，画出你设计好的家徽。**

注意：如果在这个章节中有烦扰到你的或者让你觉得不舒服的地方，请读最后一章——支持帮助。

家人间交流感受

在我们生活的世界中，人们没有完全地认识到感受的重要性。人们对于知识能力的重视远远超过了对于情绪的重视，通常人们还会认为情绪是阻碍我们适当思考的障碍。但是我们忘记了，生活中的任何事情都是有价值的、有意义的，而这些都和“感受”相关。

情绪的世界是复杂的、微妙的。尽管“感受”对于一个幸福成功的人生来说尤其重要，然而在学校也没有“感受”这样一门学科能够教导我们如何去掌握。我们的情绪在家庭生活中是很基本的部分。家庭是我们学习“感受”的第一个地方，也是最重要的地方，因为只有在家庭生活中，我们才会无意识地或者半无意识地去做事。请记住：我们的品格中有意识的部分仅仅是冰山一角。“感受”是在直觉的帮助下习得的，当我们还是孩子的时候，我们在周围环境中“汲取”各种各样的情绪，从动作和面部表情中去“解读”情绪，去模仿我们看到的情绪。有些情绪可以表达，然而有些让人不开心的、不合适的情绪，我们要学习控制。这是一个反复试验的过程，这个过程可以开发出我们自己并未发觉的情绪特质。

经常有人教导我们，情绪是不能公开表达的，情绪应该隐藏于我们的内心。有些情绪，比如生气、悲伤、恐惧、嫉妒、紧张等，表达出来是不好的、不合适的，甚至有些时候，诸如喜爱和欢乐这样的情绪都不能太坦诚地去表达。大人总是教导我们有负面情绪是不对的，我们把这个教导的意义扩展成“我们需要把自己的负面情绪隐藏起来，不能示人，甚至不能让自己察觉”。一旦我们察觉哪些情绪是不合适的，我们就认为这样的情绪是不对的；我们甚至因为有这种负面情绪而感到内疚、恐惧；因为有了这些负面情绪，我们就不会得到爱了。通过这些教导，我们把自己和真实感受隔离开来，我们开始认识到自己身上的阴暗面，甚至我们和自己本身都疏离起来。这是一个痛苦的过程，我们如此抑制感情，这是和我们人类的本质相违背的。

但是如果我们认真倾听自己的负面情绪，我们就会发现，这些负面情绪在我们的内心生活中也扮演了重要

的角色。它们恰恰是和我们内心深处的需要相联系的，它们就好像一个朋友，尝试着要告诉我们应该停下来，我们应该尽力地去满足自己的真实需要。

隐藏的爱会折磨我们，其他抑制的情绪也会折磨我们。不去表达情绪会让我们的内心封闭起来，而我们的愿望也不会实现。当然，如果我们完全敞开心扉，如果我们毫无保留地向所有人展示我们的一切情绪，我们也就向所有人展示了我们的弱点，这一点也不是我们想做的。尽管我们必须保护自己免受伤害，但我们也应该去考虑一个问题：如果我们能更多地、更自主地向我们爱的人表达出内心中一切美好的事情，我们的人生是不是会变得更丰富一些？

隐藏的情绪会阻碍我们。因为这些隐藏的情绪，我们会变得紧张；而这些情绪也会影响到我们的身体内部机制，或者身体本身的功能。比如，当我们生气愤怒的时候，这个情绪就会影响到人体整个的新陈代谢。而人体又不是各个部分的机械组装，而是一个整体，一个由无数个看得见的和看不见的过程相互联系形成的整体。

当我们正视我们的情绪，当我们能正确对待它时，这一巨大的生命力量之源能够给予我们无数的能量，能够通过各种途径充实我们的生活。我们需要学会表达我们的感受，这样我们才能避免伤害到自己以及我们身边的人。这个过程中重要的一步就是提高对自己及他人的真实需要的认识。

在各种情绪之中，真诚是前提。只有真诚，我们才能谈健康，谈发展，谈统一。首先，我们需要对自己诚实。同样地，我们也需要对他人真诚，需要坦诚地交谈，当然，这不包括对别人宣泄我们的负面情绪，尤其是那些常常伴随着负面情绪出现的污言碎语。在这类谈话中，我们要用“我”字的句子，而非“你”字，因为这样表明我们可以对自己的感受负责任。无论事实是不是有些人的所作所为真的激怒了我们，但是记得这个愤怒是我们自己的，而且只是我们自己的。当我们抱怨别人影响了我们的情绪，那通常别人也正在抱怨我们。回击往往是被袭击的自然反应。但是如果人们用一个好的方式去交流，如果你的本意是去互相帮助，那么我们可以解释这种感受，可以把它定义为一种同理心，那么相信对方也会容易理解和接受。这样我们也能共同合作，重塑这些感受，把它们变成我们的共同利益。

我们通常想要保护孩子，不让孩子受到我们自己的问题的侵扰。因此我们会向孩子们掩饰我们的真实感受。我们告诉孩子一件事，可我们的身体却传达着不同的信息。在这样的场景中，孩子会感到困惑，感到不安。只要我们换位想想，如果我们明知道别人和我们交谈时并不真诚，我们会作何感想。这样的人在阻止我们去真正地理解他们，事实上，他们让我们感到困惑。同样地，我们不能真诚地对待孩子，孩子也会有相同的想法。而且，我们让他们不相信自己的感受。

有些时候我们会因为过多的责任感而选择说谎，总是认为我们是完美的父母，所以不想让孩子牵扯到我们的问题中来。然而，世界上是不存在完美的父母的，

就好像生活中也不存在完美一样。对于孩子来说，更好的是有一对不完美的父母，但是却真正地爱他（她），能够像他（她）一样完全接受彼此；而不是有一对“完美”的父母，却和他（她）十分遥远。父母的真诚让孩子能够完全地信任父母。孩子和父母间彼此真诚，能够共同努力地接受彼此，能够相互传达自己的情绪，这一切会给家人带来更多的亲密、更多的爱以及更加深厚的感情。

日常生活中的感受

在日常生活中，你会有哪些感受呢？

□愤怒	□匆忙	□敏感
□欢乐	□紧张	□恐惧
□关怀	□寂寞	□不安
□悲伤	□喜爱	□热情
□沮丧	□振奋	□真诚

你认为上述的感受和某些具体的人或者事有关系吗？在上表的各个情绪旁，写下你认为相关的时间或者人名。

你会自己默默地隐瞒情绪吗？会隐瞒多久？对你来说，表达哪种情绪更困难，正面情绪还是负面情绪？

你在什么时候会表达你的情绪呢？如何表达呢？

- **你在孩子身上可以发现哪些情绪？**
- **什么时候，或者在什么情况下，你的孩子会表达他们不好的情绪？又是什么时候他们会表达好的情绪或者感受呢？**

好情绪与坏情绪

- **考虑一下，哪些情绪是好的，哪些不是？把你的答案写在下面的清单里。**

好情绪	坏情绪
______________	______________
______________	______________
______________	______________
______________	______________

- **清单中的好情绪和坏情绪，哪个内容更多？**
- **有没有什么情绪既可以是好情绪，又可以是坏情绪？**这种情况要取决于这些情绪出现的情况吗？这些情绪都是什么？
- **让你认为坏情绪中好的一面是什么？**
- **你在什么时候不能接受别人的坏情绪？**你又在什么时候不能接受别人的好情绪呢？请描述一下具体事件。

你在什么情况下会在家里表现出你的坏情绪？请描述一些这样的事情。告诉家人在你感觉很不好的时候应该如何对待你。一起努力，想想在这样的情况下有什么好的解决方法。把这些方法写出来。

过去有过的感受

对于如何表达合适的和不合适的感受，每个家庭都有一些不成文的规定。

在你成长的过程中，你还记得过去有哪些合适的感受，哪些不合适的感受吗？如果你记得当时大人们是如何回应你的感受、你当时的情绪的，你就会知道哪些是合适的、哪些不是。试着回想一下，你的父母有以下感受或经历时都是如何表现的：

——悲伤寂寞时
——害怕恐惧时
——感到气愤时
——开心兴奋时
——充满欢乐时
——大胆而充满活力时
——沉默寡言时
——高声喊叫时
——没有耐心时
——充满自信时
——心如死灰，不知道如何享受快乐时
——生病时
——受到伤害时
——笨手笨脚时
——心神不定时
——脆弱时
——敏感时

——感到好奇时　　　　——冲动易怒时

当你处于这些感受或经历中时，你希望大人对此做何反应？

____

____

____

____

现在，请在右侧的圆圈中排列那些情绪感受。

在圆圈的一半里写上合适的感受，另一半里写上不合适的感受。然后把这个圆圈看成一个整体。

这个圆圈所描述的内容现如今在你的生活中有怎样的影响？

父母的愤怒

你曾经害怕过父母的愤怒吗？你当时是如何解决的？你曾经用过哪些方式去反抗父母的愤怒？请把这些方式写出来：

____

____

____

____

____

____

____

____

当你还是一个孩子时，你是如何表达愤怒的？你曾经对谁生过气？你的父母、小伙伴们、还是那些比你小的小朋友呢？当

作为父母，你的孩子在做出哪些行为时会触怒你？

□把房间弄得乱七八糟，屋子里东西扔得到处都是；

□把盥洗室弄得一团乱；

□不做家庭作业；

□煲电话粥的时间太长；

□大声地放音乐；

□穿着邋里邋遢；

□拒绝吃饭；

□和哥哥姐姐打架；

□行为鲁莽、无礼；

□冲着你大喊大叫；

□不刷牙或者不洗澡；

□在早上不起床；

□把冰箱里的食物扫荡一空；

□不听话；

□对你说的话一概不感兴趣。

在这些时候你会怎么做？对于处理这些问题的方式，你还满意吗？

你生气的时候，大人和你谈话了吗？当你不敢表达你的愤怒的时候，你都是如何处理的呢？在你愤怒的时候，你的身体发生什么变化了吗？你当时想做却不敢做的事情有哪些？

____

____

____

____

____

急 救

如果你因为孩子的某些行为大发雷霆，急需“急救”降降火气，请考虑下面的建议：

如果你不能很好地控制自己，那么你的怒气会迅速爆发。当我们第一时间感受到自己的愤怒时，我们应该马上去缓解。深呼吸还是很有效果的，因为呼吸和我们的感受是直接相连的。比如我们做几次深呼吸，去想象在我们呼气时其实就是把愤怒排出去。我们可以在做决定前数十个数，或者二十个。我们绝对不能让愤怒掌控自己的思绪。如果我们控制住了愤怒，哪怕时间很短，我们也能控制自己的情绪，不致冒犯他人。愤怒只是一时的，很快就会过去。我们可以和激怒我们的人好好地谈一谈，清楚地告诉他们哪些行为困扰到了我们。如果我们没有控制住自己的愤怒，如果还有一些不尽如人意的地方，我们的愤怒可能会引发更多事情，这样只会让情况越来越糟。当我们谈论发生的事情时，我们不要偏离发生的具体事情，也不要翻过去的旧账。永远不要体罚孩子，这会让孩子认为很丢脸。打骂不过是父母无能的表现，是父母失控的表现。而孩子受到的惩罚会让孩子觉得无助，觉得有失尊严。

对于孩子来说，用一些侮辱性的称谓会让孩子觉得很痛苦，比如傻瓜、笨蛋甚至白痴等。记住用严厉、愤怒的语气说出这样的词汇只会给孩子带来负面能量。

和别人住在一起是需要互相宽容、彼此谅解的。和别人住在一起，我们需要正确地理解发生的事情，正确理解为什么我们感觉不好，我们还需要知道怎么修复我们之间的亲密感。原谅并不意味着忽视我们的气愤，忽视我们被伤害的感觉。如果想让孩子对我们坦诚，对我们说清他(她)的想法，那么首先我们就要做到如此！

是什么让我们如此生气？

- **利用一个合适的机会，在大家情绪都很好的时候，和孩子好好谈谈心，跟孩子讨论一下那些让你很生气的事情。**和孩子之间彼此认真倾听，试着站在对方的角度重新考虑这一问题。不要抵触，不要做过多的解释。或者和孩子一起做一份清单，列举出所有让大家生气的事情。
- **每个人说清楚让自己生气的事情，你可以拿笔一一记录下来。想一想要怎么做才能克制住自己的愤怒。**每个人都可以继续讲讲在那样的场合下，希望别人怎么做。

这样的对话是很重要的，因为我们中的每个人都可以像一个局外人一样回头看看自己的愤怒。如果在聊天过程中你生气了，不能控制住愤怒了，那么只能说明，你根本没有体会到这样的对话能带给你什么好处。

做一个列表，列举出克服愤怒的方法。然后把这个表格贴在家里显眼的地方。这个表格就好像一家人制定的协议，它会保证每个人都乐于去努力解决问题，乐于去努力帮助他人。它会让每个人更加成熟。

这类友好的谈话能够帮助家里的每个人更好地去了解其他人。你们也可以讨论一下其他的情绪问题，比如悲伤、无助、不安等。

一些解决气愤的方法

无论让你生气的事情是什么，无论你什么时候生气，都问问自己：这件事情真的重要吗？大多数时候，答案都是否定的。

如果这件事真的很重要，那么不必掩藏情绪，就清楚地说出来，你的感受是什么；说清楚你不可跨越的底线是什么。

气愤往往是在掩饰一种无能。如果你被愤怒带着走，那么就要想一想：你能做些什么才不至于让自己感觉如此无力。只要我们能从难以遏制的盛怒中抽离一小步，我们就会重拾理智。

在可以的时候随时说些玩笑。幽默是战胜不良情绪的绝佳方式。

“吓唬吓唬”别人：做一些出其不意的事情，最好是一些有趣的事情。我们可以就此摆脱一些不愉快的情景。有些时候这个招数还是很有效的。

有些时候我们可以站在惹怒我们的人的角度去看看这件事情，也许你会释然很多。

把令你气愤的事情看作一种挑战。这就是对我们解决一件难题的挑战。

可以站在局外人的立场去看待一下这个问题。就好像这件事情并不是发生在我们自己身上，而是发生在其他人身上。然后考虑你可以给“这个人”一些什么样的建议呢！有些时候我们认为这个人的行为就是针对我们的，但是这个第一印象可能是一个误会。为了保护自己的利益，不同的人可能会用不同的方式去表达，去做事。这取决于人们的不同性格。把这些交给时间，时间通常能证明这个行为也许不是恶意的。

对家人承诺，当你感觉气愤时，你也绝不会伤害到他们。每个人在生气时都有权利要求独处，只要他想，就一定满足。

我们一定要赞成一种做法，那就是生气的人一定要说出他们因为什么生气，他们希望别人怎么去做。对于任何人来说，看着一个人气愤的面孔却不知为何的滋味真是不好受呢！

如果一个人把气愤隐藏在心里很久，不想和任何人讲，那么慢慢的，这个人就会变得冷漠、痛苦。这样的人需要别人的帮助，所以如果我们有时候会这样，那么一定别犹豫，大胆地去寻求帮助吧！

不可理喻的孩子

回想一下，当你的孩子如何表现时会让你觉得是无法想象、"不可理喻"的？什么时候是让你觉得很难驾驭的？在什么时候或者什么场合下，孩子会这样表现？这种时候孩子通常和谁在一起？在这种时候你感觉如何，想做些什么？

你认为当孩子不可理喻时，孩子当时的想法是什么？你对此是如何回应的？你会和孩子谈话，去找出影响孩子行为的症结所在吗？你会因此责骂或是惩罚孩子吗？

你知道孩子在这种时候应该做些什么吗？你能告诉他们吗？做一个实验：

当孩子变得不可理喻时，就告诉孩子你是怎么想的，告诉孩子你希望他们做些什么。给他们一个机会让他们帮帮你。

每当我们向孩子寻求帮助，希望他们能帮助我们去解决我们共同的问题时，其实我们就是在给孩子一个机会。我们在给孩子一个对自己的行为负责的机会，对自己的感受负责的机会。这样有助于帮助孩子发展社会能力和情感能力。

当孩子表现不好的时候，我们需要做的不是责骂，而是保护，保护孩子，保护我们自己。我们必须要确定孩子是安全的，同时我们不能激发孩子心中的愧疚感。这时候，我们对孩子讲的话一定不能是那种让孩子认为自己很坏的话，比如我们说“妈妈不喜欢宝宝的这种表现”和我们说“妈妈不喜欢你”或者“你真是不可理喻”。我们只要对孩子解释清楚什么样的行为是不好的，他们就会明白，就会去改变这些不好的行为。只要我们用坚定果决的语气同孩子说明白，他们就会做出最好的回应。

当孩子的表现特别不好的时候，我们需要和孩子谈一谈，我们的目的在于：

- **去改正孩子的某些行为，但记得我们针对的不是孩子个人；**
- **为了和孩子维持友情；**
- **让孩子因为他们本身的样子感到幸福；**
- **让孩子学会留意到我们的需要。**

比如，我们可以对比一下两种语言方式：①“宝宝你把东西扔得到处都是，这样很不好！妈妈工作一天，回到家里很累，真是没有时间去清理这些。妈妈知道宝宝上了一天幼儿园也很累，但是如果你能够

关于“大喊”

只有这两种情况下我们可以用“大喊”的方式去警告孩子，那就是当孩子有危

险的时候；或者孩子离你很远，你不喊孩子无法听到的时候。

这样的情况其实很不好：

- **你想让孩子遵从你，但是你却没有提前提醒孩子或是提前和孩子解释清楚；**

照顾好自己的东西，不弄乱，妈妈一定会很高兴的！”②“你真该为自己感到羞耻！你就不能表现得像个大孩子吗，把你的东西收拾干净！好像我的工作还不够似的！”

- 你总是在责骂孩子，却什么具体的事情也不做；
- 你不管出于什么理由，总是有喊叫的习惯；
- 你总是抱怨“为什么我要受这样的待遇”，却总是忽略真正的理由。

如果你总是大声喊叫，那么孩子也会习惯你的喊叫，慢慢地开始忽视你的喊叫，就好像听不见一样。这样，你可能就需要更高分贝的喊叫，然后他们继续习惯、继续忽视……如果你经常性地大喊，并且你觉得孩子并没有在听你喊，那么就要确认好，你是不是提前告诉了孩子你打算做什么。当然，首先你自己要明确自己的打算！

区分“需求”和“欲望”

我们的整个生活都是在满足自己的需要。无论我们是直接地还是委婉地去做，这些需要确确实实地影响着我们的行为和感受。为了能够理解感情背后是什么，为了能够避免因为没能理解自己和他人的需求而引起的矛盾，我们必须认真地考虑清楚自己的需求，必须学会区分什么是需求，什么是欲望。

一个需求不能被其他的需求所代替，因为需求之间是同等重要的。比如，我们对食物的需求就不可能被休息的需求所代替——因为休息不能代替食物。欲望则是在需求无法被满足时产生的，欲望是可以被替代的。各种各样的需求可能只能支撑一个欲望。比如买一条新裤子的欲望，可能是由很多需求组成的：买一件暖和衣服的需求、看上去好看的需求、能刺激吸引小伙伴的需求，等等。这些需求要通过不同的方式去满足，而不仅仅是通过满足买条裤子的欲望实现。

如果你尝试着去理解欲望就是对各种各样的需求的模仿，你就会避免和孩子之间的很多误会，会避免对孩子表现不好的气愤。如果你认为孩子哪些欲望是无理的，不该去实现的，那么在拒绝孩子之前先和孩子谈一谈，问问他们为什么想要这些特别的东西。认真地倾听孩子的想法，即使孩子不能解释清这个欲望背后的需求，可他们能说出来的观点也足够我们去了解孩子，得出一个结论了。然后我们可以和孩子一起寻找解决这个问题的方式，换一个方式去满足孩子的这一需要。

如果我们能够向孩子展示出我们对他们的尊重，那么和孩子在不同的欲望上达成一致就会更容易一些。这样的谈话能够增进孩子和我们之间的信任，因为孩子知道你时刻愿意倾听他们的想法。重要的是，如何去认清自己的需要，如何坦诚地和别人谈论这些需要。

大家共同的需求清单

和所有家人一起，制定一份包含了每个人的需求和欲望的清单。

每个人都应该说出自己的需求是什么，说明自己想要什么。在这个阶段，我们只要记录下每个人的需求和愿望就好，不要去对别人的需求做出任何的评价和意见。

现在努力去分辨出需求和欲望。

分辨出哪些是真的离不开的需求，分辨出哪些需求是需要通过实现一些其他的欲望才能得以满足的。

制定一份最重要的需求清单，将所有相似的需求合并为一项基础需求。

每个人都由权利去奋力争取自己的个人需要，但是需要家人们一起做这个决定。这样，我们也能决定出哪些需求是必须被满足的。

对那些还没有完全满足的需求做好标记。这样我们就能认识到，家人的需求大概被满足多少了。

家人间可以协议好如何互相帮助来满足彼此的需要。需要再次强调的是，需求是一样东西，满足的方式是另一种。我们可以选择不同的方式去满足，这样我们才能争取让所有人都能接受。

我们需要和孩子一起做些什么？

□谈话

□一起去幻想

□收集一些装饰物

□做实验

□玩游戏

□做饭

□画画

□演戏

□唱歌

□跳舞

□阅读

□笑闹

□拥抱

□散步

在上述列表中，你认为还缺些什么？请在下面写出来：

____

____

____

____

____

____

____

培养积极情感

每个人都喜欢、都想要有积极情感，但是很少人能够真正地认识到积极情感对于我们的人生有多重要。积极情感是一个人心灵的反应，是可以在我们的生活中留下深远印象的事物。我们在孩童时期能学到最多的并且能继续鼓舞我们内心的情境往往是那些让我们深深被触动、被感动的情境。

积极情感能让我们放下负担，能治愈我们的伤口，能让我们重拾失去的人生意义。有句谚语说的好，一个真正开心的人是永远不会威胁到任何人的。积极情感能够促进和谐，能够让我们和别人快乐地相处。

如果我们想要拥有肌肉，我们知道需要锻炼；然而如果我们想要培养积极情感，我们却没有给予足够的重视，没能积极地去培养这些情感。我们认为这些情感的出现和消失都不是我们个人所能控制的，莫名地去烦

躁、莫名地去兴奋，个人并不是这些情感产生的原因。然而，我们是有可能影响到情绪的。比如，我们可以改变那些会导致负面情绪的负面行为。只要记住，起床时就觉得生气、浮躁的日子会让这一整天都变得乏味和无聊。所以，无论哪天起床时我们觉得不高兴了，一定要意识到这个问题，然后想想这个情绪的威力，尽力地去换一种积极的情绪。

积极情感是可以培养的，我们要做的就只有“尝试”。一旦决定在家里培养积极情感，那么这会给我们和孩子带来很多珍贵的时刻，值得我们去铭记一生。

寻求积极情感，然后组织好这些情感，就好像我们的孩子收集邮票、明信片或是偶像的照片一样。把这些情感记录下来，然后偶尔地看一下这些记录，这样我们就可以享受其中，可以和家人交流这些回忆，可以把这些看成是隐藏的财富，在需要的时候，可以进行回味。我们还可以在特殊场

合向其他人展示这些记录，但是对于那些不能欣赏这些记录的人，就不需要展示了，因为他们浪费了这些记录的价值。

你还记得吗？

只要有机会，就和家人一起聊聊那些记得的、发生在家里的愉快的事情。

通常来说，可以聊一些有趣的事或者令人愉快的事，幸福的或者有大大惊喜的事，还可以是让你感到自豪或者温暖的时刻，等等。你可以在一个特别的本子上记录这样的事情，甚至可以带有照片，这些在孩子长大后都可能成为难忘的童年留念。

互相介绍

组织一次小游戏，名字是“互相介绍”。我们要介绍某个人，就好像在电视机、摄像机面前一样，我们的任务就是只说这个人好的一面。

选择一个你想要介绍的人，然后开始夸奖他。用上所有可能用到的表达方式：实证比较、幽默、夸张、甚至是极度的“奉承”、或者绝对的支持都好。这个游戏也可以设定成一个选手描述家里的某个人，其他人猜这个人是谁。

我喜欢你看上去的样子

穷尽所有机会，去说说家人身上让你喜欢的样子——他们的外表、微笑、手势、走路的方式、开的玩笑，等等。也要时刻准备去接受别人的夸奖哦！

我们的共同点

在这个游戏里，每个人要选择一个同伴，然后两人一组来描述他们的共同点有什么。一轮结束后换一个同伴，再重新开始一轮。在最后，我们可以得到一个列表，每个人身上的共同点都清晰地列举出来。我们也可以列举出每个人身上和别人与众不同的地方。

特殊的人

下面的问题可能在这个游戏中帮到你：

- **你是在哪或者在什么情境下遇到这个人的？**
- **当时你几岁？**
- **这个人当时长得什么样？**

游戏的参与者要描述对自己的生活产生深远影响的一个人。尝试着去回想这个人长得什么样子，是怎样对自己的生活产生影响的。可以用一个故事的方式讲出来，也可以用这个人的照片或者其他纪念品去展示。

- **你和他（她）现在还有联系吗？**
- **他（她）是怎么影响你的？**
- **如果你没有遇到过这个人，那么你的人生会有所不同吗？**
- **你有没有尝试着用同样的方式去影响别人呢？如果有，说说是什么时候，你是如何影响别人的。**

我最喜欢的物品

- **家里每个人都选择一个自己最喜欢的物品。**

每个人向别人展示一下这个物品，然后让每个看到的人说说这个物品是什么样子，能够给人带来哪些情绪。选择这个物品的人要说说为什么它对自己很重要，自己是如何看待它的，并且它能给自己带来怎样的回忆。最后，每个人要说说他们对展示的这个物品有哪些看法。

福　饼

把纸板裁剪成一个个的“福饼”。

全家人围成一个圈，每个人分好“福饼”，然后告诉大家为家里每个人带一块。每个人在“福饼”上写下对这个“福饼”的主人的祝福，也为自己写下祝福。把“福饼”传给主人，主人要大声地读出自己得到的祝福。当然，我们也可以互相猜猜大家得到的祝福是什么。

家人的节日

每个家都有属于自己的特殊日子，可能是生日，可能是除夕夜，或者别的。在每个节日里，大家梳妆打扮一番，做些可口的饭菜，或者邀请一些朋友聚会。这样的日子确实值得牢记很久。但是我们不一定非要等到特别的日子才能感受节日的欢乐。如果家人中谁遇到了一件好事，那么就应该全家小小地庆祝一番。尽量多组织一下这样的活动，因为分享欢乐使家人更加团结。这样孩子也可以从中学习到什么事情是值得欣赏的。我们也可以为孩子举办一场这样的庆祝仪式，去标记一下孩子的某些积极特征。这样孩子也更能意识到自己好的一面，孩子也会更加清楚我们对待他们的成功有一个怎样的态度。

如何强调你欣赏孩子的方式呢？

孩子认为自己和别的小朋友相比什么地方是与众不同的呢？

列举出孩子身上让你能为其举办庆祝仪式的所有好的品质。

比如：

□幽默感

□好的审美

□看待事物的不同角度

□某种发现

□某种知识

□某项技能

□做事的方式

□好奇心

标记孩子的成熟

世界上很多人会为孩子举办成年礼，当孩子步入青春期时举办一次，当孩子从青少年步入成年人行列时再举办一次。这样的意识对培养孩子的自我意识、责任感以及培养孩子的自信心来说都十分重要。而在当今社会，似乎人们不再选择为孩子举办成人礼了。有时候孩子会为此感到困惑：“为什么我经历人生重大的转折时，大人们丝毫没有反应呢？”我们应该在孩子的生命中举办几次这样的仪式：庆祝孩子上学的第一天、纪念一个女孩子的第一次月事、纪念一个男孩子第一次刮胡子、庆祝毕业、结婚以及第一次付账……这些在一个年轻人的生命中都是十分重要

□承担某项责任

□在一件事情上承担某项责任

请把你自己的想法写在下面：

____

____

____

____

____

____

____

____

____

____

____

____

的事情。家人们为孩子庆祝，可以让孩子感受到来自所有家人的支持，孩子会感悟到家人的支持是多么重要，他们会记得家人会永远陪在身边，家人永远都是自己的依靠。

关心父母

不仅仅是孩子，其实父母也是需要关心、需要重视的。作为成年人，我们总是忙于照顾别人，常常忘记了我们自己也需要关怀。有时候父母连自己最基本的需要都满足不了——睡一个好觉、准时的三餐、温暖的衣物。甚至有时候一些关乎精神价值的需求也满足不了——美丽、个人空间、知识层面的进步等。当我们还是孩子的时候，我们依靠大人满足我们自己的需求。现在我们就是大人了，我们也要为满足自己的需要负责，不能期待别人替我们关注这些。

其实我们所有人的内心中都还有一部分保有童心。我们内心中像孩子的那部分还需要关注、需要安慰、需要热情、需要对美好的迷恋。我们必须尊重内心中这部分的个性，要善待自己的童心。更不必因此感到羞愧。如果我们自己否定自己，那么我们如何去满足我们的孩子呢？

时不时地要款待一下自己。

给自己买本书、去喜欢的地方旅游、吃些小吃、感受生活中的色彩。给自己一个用心欢笑的机会。

在家里要给自己放松、享受的机会。

找一处特别的地方，舒服地坐下，翻几页喜欢的书，或者做做锻炼，听听音乐。不然就给自己泡一个泡泡澡。

我们都知道如何去享受生活，那么就要让这些享受成为现实。其实在享受的过程中，孩子们会很开心，甚至会跃跃欲试，想要和我们一起做这些。我们也通过这样的方式教会孩子如何关心自己。

如果你不能决定通过什么方式去满足自己，那么就回想一下当你还年轻时你都是如何享受生活的。

哪些气味、味道、声音、颜色、景色、天气、习俗、地点、人，以及一天的某个时刻，能让你想起来就很开心的呢？

过去当你受伤、生气、悲伤、恐惧、担忧时，你常

常如何安慰自己？

即使过去的你不知道如何安慰自己，那么从现在开始，在自己有这些感受时，寻求一个方式安慰自己也并不算晚哦！

你喜欢父母对你做些什么行为？

想想他们对你做过的的面部表情、手势、行为和语言等。

关心自己

在每天的简单生活中，也记得要给自己关注、爱和关怀。

如果你累了，就休息一下，不要有愧疚感。

照顾好自己的身体。按自己喜欢的方式穿衣打扮，保证舒适度。

准备一些自己的喜欢的食物，好好享受一下生活。

做一些只为自己的事情：画画、去大自然中散散步、看看书，和亲密的朋友一起打发时间。约好自己的爱人找一处特殊的地方，就好像我们恋爱时常常做的一样。

- **列出自己真正喜欢做的事情**——即使有些事情和家庭无关。如果你并不确定是不是可以这样做，那么就问问那些爱你、乐于帮助你的人。

遗失的部分

当我们成为父母的那一刻起，我们的生活就注定要彻底改变。我们开始有了和过去全然不同的任务，需要我们全身心地去奉献。父母这个角色让我们喜欢支撑全家人，因为孩子的出生带给父母力量，让父母乐于去支撑整个家庭。这些力量是通过爱、安慰和欢乐表达出来的，这些爱、安慰和欢乐也都是我们从生下来开始就能体验到的。然而，作为父母，我们有了很多全新的责任和义务，导致我们牺牲了生活中的很多部分。

- **在你的个性中，有没有哪个部分在宝贝出生前对你来说还很重要，但是宝宝出生后就被你忽略掉了？**请认真地思考这个问题。
- **你的个性中的那个部分对你来说有多重要？**
- **如果现在你重新重视一下你个性中遗失的部分，那么它还会重要吗？**这样将会有什么样的改变？
- **你愿意向你的宝贝介绍一下你个性中遗失的那个部分吗？**

请把答案写在下面：

尝试着去找回自己遗失的部分。可以用一些特殊的方法去寻找，比如写作、读小说、听音乐、弹奏乐器、做运动、发展自己的爱好或者做些休闲的锻炼，哪怕是做个白日梦也是好的。一旦你决定要做些什么，就动笔写下来。

我们写下来的内容要鼓励我们去关注自己个性中遗失的部分，我们也要严肃对待。

和家人分享这一切，这样他们就能够接受我们遗失的部分，能够在我们忘记寻回时提醒我们。

父母的自我尊重

没有任何父母曾经忽视过自我尊重。父母的错误不仅会影响到自己，也会影响到自己的小孩，所以父母似乎常常不能原谅自己。为了防止我们经常屈服在这些紧急时刻中，我们应该列举出我们作为父母所做的所有好的一面，列举出我们作为父母觉得幸福的时候，同时列举出我们对自己满意的时候。尽可能地详细列举。例如：

- **我十分高兴。我教导了宝贝要一直对我说实话，哪怕是一些他明知道说了我会不高兴的事情。比如他在学校取得了一个很可怜的成绩，直接实话告诉我就好。**
- **我十分高兴。我教会了孩子自己做饭，并且今天我们在厨房正式实践了一番。**
- **我和孩子经常一起散步，这让我想起了当她还是小婴儿时的点点滴滴。我很喜欢这样！**

- 我很喜欢这个相册，这是我用生活中的照片做出来的。
- 我十分高兴。今天我让孩子教我看喜剧和一些幽默电影的片段。
- 我和孩子培养了一起在书店晃荡的习惯，我们经常在谈论事情的时候去书里寻找一些“潜在的宝藏”。我很喜欢这样！
- 我很满意自己教会孩子的“如何让他自己解决和小朋友之间的矛盾的方法”。

每当我们有难题的时候，就翻开这个记录看一看。这样我们那些消极的思想就会慢慢消散，因为我们会记得那些我们处理得很好的事情。

组织一场家庭游戏，题目叫作“我喜欢当你……的时候”。参与者的任务是去夸奖别人，指出别人在某些场合中有哪些行为和指导是很恰当的。

注意：如果在这个章节中有烦扰到你的或者让你觉得不舒服的地方，请读最后一个章节——支持帮助。

幻 想

幻想是创造过程中一个重要的环节，幻想可以摒弃所有的束缚，这样我们才得以让思想和情绪发挥作用并进行创造。我们通过幻想创造出很多新生事物：一个感想、一个物品或者一个场景，这些都取决于我们需要什么。幻想的一个基本的前提是自由——有了自由的翅膀，我们的想象力才能自由驰骋。

除了规矩、指导和组织以外，孩子同样需要有幻想的自由，有检测自己能力的自由。我们总是给孩子计划好时间，让孩

子能够完成功课、做好自己分内的家务，并且实现其他的渴望的目标。然而，我们说孩子需要幻想的自由，所以我们也应该给孩子去做白日梦的时间，给孩子去选择自己想要做事和想象的时间。

幻想给生活带来无数的可能。当孩子们幻想的时候，他们就运用了自己的创造能力。允许孩子有足够的时间去做游戏、去做白日梦、去做那些属于自己的事情：发明创造也好，认识周围的世界也好，让孩子去发现自己的才能，去发掘自己对事物的独特观点。这样，我们也可能发掘出孩子独一无二的潜力。

不要忘记我们自己也需要幻想。和孩子一起分享这个神奇的魔力。一起幻想可能唤醒我们身体中藏着的小孩心性的自己，一起幻想也是和孩子一起打发时间的很好的方式。

你知道怎么幻想吗？

幻想需要我们暂时把自己的分析思维、批判思维放置一旁。在幻想的世界中，任何事都是有可能发生的。当我们在幻想的时候，就不要把自己的思维局限在现实中如何去实现我们的梦想上。让我们的想象力自由驰骋，这也就意味着我们要不着边际地去想象，避免去想我们该如何解决生活中的实际问题。幻想就好像在做一个游戏。

开始幻想吧！

选一个主题。

这个主题可以是你朝思暮想的却没打算实现的。无论你想象的是什么，只要记得它是光彩夺目的，记得在想象中没有任何东西可以限制你。

如果你想要发展一个观点，那么就从尽可能多的角度去观察它。

我们可以通过联想，在一个想法中提取出新的想法，无论这些新想法能不能实现，无论这些想法看上去是不是愚蠢或者太傻了。幻想可以有很多的乐趣。不要忘了享受这时候的自己。把分析、理智留到幻想之后吧。

- **在以后的生活中，当我们评价自己的想法时要记得简单化。**

  单纯地把想法和它们实现的可能性、和我们的需求相联系进行评价就好。

- **当我们计划着去改变的时候，永远都要从自身开始——因为我们能改变的只有自己。**

- **现在，开始这个游戏吧！**

一个理想的家庭日

- 想象一个理想的家庭日。这一天，发生的任何事情都是按照你的需要实现的，任何场景都是你最喜欢的。

想象一下你现在正在哪？正在和谁谈话？

____

____

你正在做什么？你是一个人还是和别人一起？

____

____

这个理想的家是什么样子的？

____

____

家里的家具都是什么样的？

____

____

家里有养小动物或者小植物吗？

____

____

在这个家里住了几个人呢？

____

____

你和家人之间是怎么谈话的？你们正在说些什么？

____

____

你们家里都会举行哪些娱乐活动？

____

____

这个家是怎么安排的？

____

____

这些家具都是什么颜色、什么材料的？

____

家里有没有可以让你一个人呆着的房间呢？

____

____

家里的房间都是很明亮的还是很幽暗的呢？

____

____

家里有没有什么艺术品呢？

____

____

在家里你们都会组织一些什么游戏？

____

____

在家里，节日都是如何庆祝的？你们会庆祝些什么？每个人都会做些什么？

____

____

你们会离开家，选一处特殊的地方，去度过你们理想的家庭日吗？

____

____

如果你是一朵花，（你会）……

下面是另一个可以供全家一起欢乐的小游戏。

当全家人都在家或是一起外出度假时，可以组织一次“幻想游戏”。每个人都展开自己的想象，然后

告诉别人如果自己是另一样东西，自己会是如何。比如，是一株植物、一种

动物、一种水果、一样蔬菜、一块糖、地球、一种乐器、一年中的某个季节、一个星期的某一天，或者是一个电视作品、一个电影明星、一个小说中的主人公，或者是一个自行车、一栋建筑物、一件家具、一件衣服、一双鞋、一种颜色、一幅图画、一个玩具，等等。每个人都可以说出自己是如何看待在这些角色中的自己的。

送给我爱的人一首诗

家里的每个人可以为彼此写一首诗，然后赠送给大家。

也可以为所有人写一首诗，然后每个诗节可以代表家里的一个人。或者大家还可以共同做一首诗，每个人负责一个诗节，写好后传给下一个人继续创作。但是无论我们怎么做这首诗，一定记得读给大家听！

幻想游戏

想象一下以下情况在家里发生会是如何：

如果每个人在家里都有自己的私人空间，都能够选择自己最喜欢的颜色、服饰、样式以及图案，会怎么样呢？

如果我们在进行日常活动的同时也可以做些有创造性的事情时，会怎么样呢？比如：梳妆打扮的同时脑海里为这一天制订计划；花时间排队等候的同时做做白日梦；洗澡的同时讲故事；感觉旅行疲惫时回想一下旅行中的快乐或者做首诗、唱首歌……

如果我们总是急匆匆地赶去哪里，我们是不是可以慢下来，看看天空，看看周围的人，看看公园附近的花花草草？这样生活会如何呢？

- **如果我们可以在起床时安静一会**，仔细听听自己内心的节奏，那会怎么样呢？
- **如果我们在对别人讲述问题时**，可以用戏剧、卡通或者电影脚本的形式去表述，这会怎么样呢？

- **如果我们可以把两年内没有使用的东西扔掉**，这会怎么样呢？
- **如果我们决定不再无聊**，不再过分地沉溺工作，不再牢骚抱怨，而是能每天给自己新的挑战，采取一定可以解决的信念去面对生活中的问题，这会怎么样呢？

- **如果我们可以用一些特殊的方式迎接家人回家，那会怎么样呢？**
- **如果我们一天都在哼唱一首好听的歌曲**，或者一天都重复一个欢快的节奏，那这一天会是怎么样呢？
- **如果我们能够每周挑选一天作为“无计划日”，**不再提前为这一天做好计划，那么这一天的生活会如何呢？
- **如果我们帮助家人做好家务**，这样每个人都能多一些闲暇时间，这会如何呢？
- **如果我们能够组织一次辩论赛去挑选一项新的娱乐方式**，最后宣布一个获胜者，这会如何呢？
- **如果我们做一个家庭日志**，每天记录我们的感想、祝福，记录发生的事，记录每个人的观点，这会怎么样呢？

继续去幻想吧，想象我们的生活就是如此。赋予生活应有的意义——生活的过程、目的、节奏，以及生活中支撑家庭的不同方式。

认识到孩子的与众不同

我们为家人、为孩子做的每一件事都是好事，只要我们做的事适合每个人，符合每个人的个性。如果我们不能意识到每个人的与众不同，如果我们不知道每个人最大的满足感来自于我们独立完成的过程，那么我们就不能任意地创造，不能想当然地“为别人好”。

你知道你的孩子有什么品质是与众不同的吗？

列举出所有你认为孩子具备的特殊的、独一无二的品质。

____

____

____

____

____

____

____

孩子的独一无二的特性一定是显而易见的，一定是看上去就十分明显的。如果你选择了你的角度去观察孩子，那么这些品质也应该是在你没有特别注意的时候也能看得见的。

在下列事情中，想象一下孩子会是怎么样的？

- 如果你假装好像是第一次见到他时，他会如何？
- 如果你们一起翻看一本画册，然后花心思去注意他感兴趣的细节时，他会如何？
- 如果你把他带到了一个完全陌生的地方，观察孩子是如何表现的，观察他如何与不认识的人交谈，观察他们会注意什么，做些什么。这时候他是怎样的？
- 如果你们一起玩他喜欢的游戏，他看上去是什么样子的？
- 在他不注意的时候好好观察他，他看上去是什么样的？
- 如果你让他带你去一个他最喜欢的地方，让他给你解释为什么最喜欢那里，看看这时候的他是什么样的？
- 和孩子一起编故事，看看孩子是如何发挥想象力的？

“百宝箱”

- 给孩子一个装满小玩意儿的“百宝箱”，然后观察一段时间，看看孩子都会用它做些什么。

这些小玩意儿可以包括：

——小盖子

——橡皮球

——小海绵

——乐高积木

——橡皮筋

——纽扣

——小贴纸

——吸管

——药棉

——纸

——铅笔

——水彩笔

——毛绒玩具

——手工纸

——锡箔纸

——纸牌

——橡皮泥

——磁铁

——时尚周刊上面的光滑的纸

——细绳，等等

看看孩子会从中选出哪些物品，观察孩子会拿这些小玩意儿做些什么。

- 孩子们是否用特别的方式去排列这些小玩意儿？
- 孩子们是否会用这些小玩意儿做出一些新东西？
- 孩子们在玩的时候说话吗？
- 孩子们是否会把碎片拼成一个整体？
- 孩子们是否假装这些小玩意儿是活的？
- 孩子们是否用这些小玩意儿为别人制作礼物？
- 孩子们玩的时候会不会很吵？
- 孩子们是否会尝试着去拆解这些小玩意儿？
- 孩子们是否会用特殊的方法组合这些

小玩意儿？

- 在玩的时候，他们是否和你聊天？
- 他们会自己哼歌吗？
- 孩子们是否会系统化地组合这些小玩意儿？
- 他们会认真对待这些玩具吗？
- 他们会把这些小玩意儿四处乱扔吗？
- 他们会经常换游戏玩吗？
- 他们是否很快就失去兴趣了？

- 把我们观察到的情况记录下来：

____

____

- 几天后阅读自己的记录。在这个环节里你有没有对孩子产生一些新的认识？
- 在这个过程中，你识别出的孩子与众不同的品质有什么？

____

____

孩子的性格品质

- **孩子会怎么动**？怎么走、怎么坐、怎么站着？孩子是慢慢地、平稳地、还是战战兢兢地动？孩子会上上下下地跳吗？

- **他们习惯做些什么手势？他们注视的目光是怎样的？**他们的面部表情通常是什么样的？
- **他们的声音是什么样的？他们说话语速快还是慢？**他们说话很大声，还是很小声？
- **你的孩子健谈吗？**他是沉默寡言的？还是话语简单一些呢？
- **他们在公共场合表现如何？**和在家里的表现有区别吗？别人通常是如何对待你的孩子的？他们会和不认识的人怎么交谈呢？
- **他们喜欢扮演什么样的角色？**领导者吗？他们会做到支持别人、倾听别人吗？他们会指导别人吗？会问问题吗？会配合别人吗？他们是经常抱怨吗？
- **他们有幽默感吗？**会让他们开心的是什么？他们喜欢问哪类的问题呢？
- **他们看上去和别的孩子有什么不同？**
- **他们喜欢什么？**哪种材料、什么颜色、哪类书籍、哪种声音、什么玩具、哪类动物？他们喜欢什么样的人？他们喜欢和谁一起玩？他们最喜欢什么地方？他们喜欢和你一起做些什么？
- **他们是如何提出自己的需求的？**他们会高声讲话来吸引注意力吗？他们会改变说话的语气吗？他们会给予什么回报吗？

- **他们通常是怎么表达自己的想法的？**通过画画？编故事？还是通过行为？
- **他们是怎么解决问题的？**有什么问题是他们能轻松解决的？又有什么问题是解决后会一次又一次地出现的？
- **其他人，尤其是其他的小朋友，都是如何回应你的孩子的？**他们有什么能够激怒别人的典型的行为吗？
- **在你组织一项新游戏或者新活动的时候，他们都是怎么表现的？**
- **他们怎么做能最好地记住东西？**他们记哪种事情更容易一些？
- **他们在什么场合里会有很多的新点子？**

要支持孩子的做法，培养孩子的个性和潜质。简单地给孩子提供机会是远远不够的——孩子需要积极地去运用这些机会。和孩子一起，用适合他们的方法做事。庆祝他们取得的每一次成功，庆祝孩子的每一步成长。用自己最多的爱去爱孩子。

尽力用上述这些方式去对待家里的每一个人，包括自己。

结　尾

关于改变

- 再回想一下我们体验的这些（游戏）过程，认真想想我们的家庭生活有没有因此发生什么改变。

- 在你仔细阅读这本书的过程中都发生了什么？
- 在你身上或者你的家庭生活中，有没有发生什么改变？
- 你是根据什么总结出这些改变的？
- 你有没有花费时间和空间，以便让你的家人能够用更好的方式去活动呢？
- 你有没有变得更有想象力？
- 你是不是比以前更爱思考了？

- 如果有改变，请写下来：

____

____

____

____

____

____

____

____

____

- 你和家人在一起时是会看电视，还是你会组织新的活动去共度时光？
- 当你们在聊天的时候是不是能更好地理解对方了？
- 你从孩子的身上学到了什么新东西吗？
- 你有遇到过什么困难吗？
- 你都是如何解决困难的？
- 你会把困难转变成新的机遇吗？

- 请写出你还想要的改变。写出为了这些改变你打算做什么？

____

____

____

____

____

____

____

____

关于阻力

如果我们感觉在机遇面前收获不够，或者觉得遇到了阻力让我们停滞不前，请不要失望、不要沮丧。

就像我们前面说的一样，我们有计划、有创造地去改变我们的生活，改变整个家庭的生活，然而这个过程

是需要时间，需要精力的；同时也需要我们有踏入未知情况的准备。如果出现了阻力，或者遇到了不可预测的阻碍，我们必须有足够的耐心。请把这些阻力看作是自然反应。有时候我们确实需要一些阻力才能达到一种平衡。

倾听自己内心的声音。花些时间去应对一下我们个性中产生阻力的那一部分。如果你能够仔细地去考虑，你可能就会想出一个重要的解决方式，这可以帮助我们用一个全新的方式重新了解、相处。所以，请把阻力看成是我们的老师、我们的朋友，而不是我们的敌人。

不要逼迫自己或者逼迫任何人去改变。改变的过程可能并不痛苦，但是我们要清楚：如果我们能够遵循发展的自然节奏，改变就会随之而来。这样的改变也能带给我们快乐，带给我们新的人生力量。

请善待自己，善待最亲、最爱的人！给自己，给最亲、最爱的人足够的时间和温柔。温柔是尤其重要的，因为温柔能让我们展示出自己精致的、敏感的一面。因为有足够的宽容去接纳，因为有足够的安全感，所以个性中的另一面也能大放光芒。

想　象

想象有一个完整的家庭，可以按以下的情况生活：

- 所有人都能支持每个人的个性发展；
- 家人之间都能充分尊重彼此之间的差异；
- 每个人都能理解彼此间发生的事情；
- 所有人都知道如何避免厌烦、避免自己的负面情绪，所有人都知道如何停止自己的不好行为；
- 家人能够寻求每个问题的解决方法，并且有足够的勇气去尝试；

- 所有人都极具创造性，不管他们处于什么环境中；
- 每个人有自己独一无二的世界观，并且能够互相分享；
- 所有人知道如何利用自己拥有的——时间、空间、材料和环境；
- 每个人都学会倾听，都学会做一个领导者；
- 每个人都知道如何评价自己的需要，

并且都能为自己做最好的选择；

- 每个人都可以为自己的想法和感受负责；
- 家人能在一起玩耍；
- 他们知道如何关爱彼此；
- 他们知道怎样具有创造力，并且愿意一起创造；
- 他们都能为彼此感到骄傲。

- 请在上述列表中圈出你想要自己家庭也能拥有的特性。你也可以在其中加入内容。
- 上面的列表看上去是不可能实现的梦想吗？还是有可能实现的呢？

支持帮助

这本书的目的在于鼓励我们去测试自己的力量，测试我们的能力，作者希望这本书的读者能够借此丰富自己的家庭生活。但是如果这本书的某一部分烦扰到你，或者会让你觉得不安，那么也许你能再次寻求慰藉，寻求一种支持。我们会在此列举一些克服不安的方法，但是如果还不够，请向家人、朋友或者心理咨询师寻求帮助。不要害怕去寻求别人的帮助。有些时候我们需要别人能够聆听我们的烦恼。而我们解决的每一个问题都能带给我们新的能量，能够带给我们更美好的生活。如果我们将这个能力传授给孩子，这也将是一笔宝贵的财富。还有什么财富比这些更珍贵的吗?

如果在某一点上你觉得不自在，不想继续看下去，莫不如就放下书，去做一些轻松的活动——听音乐、和朋友聊天、逛街、散步、看一部轻松的电影、画画、雕塑、修建花草等。

我们可以向身边的人寻求帮助，可以向那些能接受真实的我们的人寻求支持，可以向能够和我们坦诚交谈的人寻求帮助。

列举出让自己不自在的感受和想法。一口气写出来，不要过多地进行分析。现在请把清单放在一旁，当你觉得你准备好了，那么好，请拿出这张清单，再读读自己写的内容。你会发现很多曾经让你觉得恐惧的内容其实并不可怕。如果你想，你可以撕碎这张清单。

翻看一些平时让你觉得很有启发的书，或者能让你远离负能量的书籍。每个人都有这样一本“智慧之书”，可以让自己从中得到安慰，得到指引。

用心关爱自己，温柔对待自己。帮助自己，就好像我们会帮助一个没人保护的孩子一样。当我们感到脆弱敏感时，我们需要时间找回自己。

如果你所厌烦的一段童年记忆，突现于你的脑海，你就应该就此而深思：儿时的自己想要得到什么样的呵护？假想儿时的你就站在你的面前，而你作为一个成人要如何照顾他？会不会像你儿时所期待的方式去照顾这个孩子。想象自己拥抱着孩子，用话语给他以慰藉和鼓励。每当感受到记忆中的自己需要关怀时，就重复这个过程。

学会放松自己，在休息时注意活动身体的各个部位。在精神上放松身体的各个部位。慢慢吸气，想象一下身体内充满了温暖的力量；然后慢慢呼气，想象一下把所有的疲惫呼出体外。现在想一个美好的景色，在这里，你或者你爱的人会觉得很轻松。为自己许一个心愿。当我们在放松的状态时，如果能给自己一个积极的暗示，那么这会对自己产生深远的影响。

用一个特别的方式走进大自然，去感受树木、感受草坪、感受河流、感受山石。大自然始终是无私的，它无条件地赐予我们生命的力量。当深处大自然时，想象一下你正在吸取大自然的力量。要懂得脚下的土地，土地是我们最基本也是最强力的支撑。感受你紧贴着土地的双脚是多么有力。想象自己正通过双脚吸纳大地所赋予的力量。偶尔一笑，直面缺陷与困境。

一旦我们遇到困难和问题时，不要忘记微笑。

我们希望你的家人可以欢聚一堂；希望你的家里充满欢声笑语；希望你们能保持对彼此的兴趣，能一起讨论生活中遇到的问题；希望你们通过学习去改变自己；希望你和家人能经常一起游戏，经常拥抱彼此；希望你们能爱别人，并且能让别人的爱治愈自己；希望你们心手相连，珍爱彼此。